政治学

Politics

Aristotle

亚里士多德 著　郭仲德 译

西北大学出版社

谨以本书献给生我育我的父母亲!

—郭仲德

亚里士多德生平

公元前384年,亚里士多德生于希腊东北部斯塔吉拉(马其顿属地),其父是马其顿国君科图斯的御医。17岁时,亚里士多德负笈雅典,就读于柏拉图学园,成为柏氏得意门生。

亚里士多德

公元前347年,柏拉图去世,亚里士多德离开雅典。相传这是因为柏拉图属意其侄接掌学园,亚氏失望之余,偕同柏氏另一高足芝诺格拉底一起到小亚细亚阿索斯。该邦僭主赫尔米亚斯也是柏拉图主义者,在他的赞助之下,亚氏等人在该地建立了柏氏学园分校。这位僭主与亚氏私交甚笃,不久将养女庇西阿丝许配给亚氏为妻。

公元前343年,亚氏应马其顿国君腓力浦之请,赴首都贝拉给13岁的王储亚历山大当教师。腓力浦王长年在外征战,亚历山大于16岁开始为父王摄政。

公元前336年,腓力浦王遇刺身亡,20岁的亚历山大继位,翌年率大军远征。亚氏好友安提帕特出任马其顿摄政王,希腊沦为马其顿保护国。亚氏回故乡短居,于公元前335年再赴雅典,在吕克昂建立亚氏学园,此时柏氏学园已由芝诺格拉底出掌。亚氏49岁时原配去世,婢女海尔庇利丝为继室。

公元前323年,亚历山大大帝猝崩,雅典议会向马其顿宣战并驱逐马其顿驻军。两国兵戎相见,亚氏因与安提帕特的私谊而受到牵连。雅典祭司因亚氏曾祭颂赫尔米亚斯亡灵控以亵渎神祇罪。公元前399年,苏格拉底因"荼毒青年"和不拜祭雅典人神祇等莫须有罪名被处死。亚氏扬言不容雅典人"对哲学二度犯罪",

决定离境,结束14年的教学生涯,回到优卑亚岛哈尔基斯母亲故居。公元前322年病逝,享年63岁。雅典的亚氏学园弦歌不辍,直到公元前86年,为罗马大将苏尔拉摧毁。

导 言

公元前 6 世纪是希腊哲学的萌芽期。泰利士是最早的哲学家,提出水是万物起源的学说,并且曾因准确预测月食而名噪一时。数学家毕达哥拉斯创立带有宗教色彩的学派,提出灵魂不灭论。芝诺区分现象世界与实在世界,提出运动既静止又不静止,并且首创逻辑归谬法。赫拉克利特首度提出存在的终极原则即是知识的终极原则,探讨了事物的知识与事物本身的关系。

尽管埃及和美索不达米亚文明比希腊文明早 2 000 年,巴比伦的汉谟拉比法典比雅典的梭伦法制早了 1 500 年,但是自公元前 5 世纪以降的 2 000 多年,希腊思想家发挥了无穷的原创力,运用抽象思维,进行实际观察,归纳演绎创立了数学、哲学、科学、逻辑学、政治学等学科。希腊对人类文明的贡献迄今没有一个国家能比拟。

这段时期也就是我国春秋后期至战国后期,斯时诸子百家争鸣,思想开放,学术文化鼎盛;在人类思想发展史中,东西方同步,取得了照耀千载的成就,也塑造了各自的文化特质。

苏格拉底、柏拉图和亚里士多德师生三代对西方哲学理论和思想方法的影响深邃久远。苏格拉底没有留下个人著作,他的哲学思想见于柏拉图所撰的 20 多个对话录。柏拉图有时也假借苏氏之言表达自己的观点,因此苏格拉底和前期的柏拉图历来被视为一体。20 世纪英国哲学家怀特里德称一部西方哲学史实为柏拉图学说的一系列的脚注,此语并非溢美之词。

亚里士多德 17 岁开始受业于柏拉图,其时柏拉图已 60 岁。亚氏追随业师 20 年,一直到他去世。亚里士多德于中年时期建立亚氏体系:在本体论方面,扬弃了柏氏的理型论,主张实在论;在知识论方面，摒弃了业师的唯理论，提倡经验论，即使在政治学方面，也抛弃了柏拉图的理想主义，从实际出发，追求次好的优良政体。

亚里士多德从小受当御医的父亲的影响，吸收了不少生物和医学知识，长大后十分重视观察，并且相信经验是知识的主要来源。柏拉图却排斥感觉世界，认为必须通过数理来认识真实世界。这两位罕见的天才，代表了截然不同的哲学倾向，尔后2 000年在西方主流哲学中，柏拉图主义与亚里士多德主义平分秋色。

亚氏是古代学识最渊博的思想家，他曾潜心研究生物学。他发现自然不但发生变化，而且有趋向性。例如，橡实即使有石头压着，仍会破土而出，长成一棵完全的橡树。动物幼体会努力地逐渐长大为成年动物。长成之后，这种努力就停止。所有有机体都有天生的目的。亚氏把目的论自然观应用于人、家庭和城邦（国家）。

人的目的就是充分发展本性，实现潜能，达成完美；而人必须是城邦的一部分，才能达致人的终极目的。亚氏有句名言是"人是政治动物"，因为自然赋予人言语能力，彼此能交流沟通"公平""公正"等道德观念。人的自然本性能适应城邦生活，家庭和城邦就是以道德观念为基础而形成的。人的终极目的是幸福，城邦的最终目的也是幸福（至善），只是后者更加高尚和完全。

亚氏的政治学是建立在伦理学之上的，德性论是元理论。他认为个人或城邦的幸福是一种合乎德性的活动。这与古希腊提倡为政以德的思想家的观点基本上是一致的。柏拉图和亚里士多德反对智者派普罗泰卡拉的"人是万物的尺度"，人之所好谓之"善"，所嫌谓之"恶"的观点，他们主张善恶有客观的标准，美德具有内在价值。亚氏师承柏拉图的灵魂学说，认为德性是通过灵魂理性部分的活动得到实现的。

中世纪经院哲学的哲学家和神学家圣托马斯·阿奎那把亚氏的政治理论纳入罗马天主教教义，但强调单靠人的理性达不到至善,最终要靠神恩。

在14世纪中期至16世纪末意大利文艺复兴时期,经典哲学的德性论受到《君主论》作者马基雅维利的严峻挑战。马氏不否定亚里士多德揭示的道德价值,但批评德性的生活必然愉悦和幸福是一厢情愿。他指出统治者为政以德,不但无益,反而有害;当政者为排除政治障碍,运用权谋是理所当然的。经典政治学的要害在于德性论,因为理论与实际相脱离。

17世纪英国霍布斯在《利维坦》中尖锐地指出亚里士多德的优良政体纯属子虚乌有,德性论和目的论是形而上学。柏拉图和亚氏提倡的是乌托邦政治学,立足于人"应当如何",不是人"实际如何"。人是自私的动物,决定人的行为既非德性,亦非理性,而是激情和对死亡的恐惧以及由此产生的自我保全意识。道德不是客观、绝对的规范或义务,而是基于自我保全的欲望的权利。霍布斯批判柏拉图和亚里士多德所讲的都是人的德性生活,所谓道之以德,陈义过高。霍氏指出在他之前的所有政治学理论都不是建立在人的自我保全这个具有科学客观性的事实之上,完全脱离了实际,所以毫无意义。

霍布斯强调的自然状态下人人平等,在政治理论方面标志了从永恒秩序转向人,从规范转向权利的新思维。自我保全的欲望取代了天生权利的目的论,国家存在的目的是为了达成至善的学说从此式微。自霍布斯以降,西方政治学家鼓吹的人的自然权利已不再是柏拉图和亚里士多德提出的"公正"本身,而是在自然状态下,人人平等和自由。

西方近代政治学对道德观念几乎不赋予内在价值,视之为基于人的自我保全意识所发展出来的符合个人最大利益,因而乐于遵守的共同规范。作为国家理论核心思想的社会契约论于是成为显学。

西方经典政治学的奠基者是柏拉图和亚里士多德，柏氏的《理想国》和《法律篇》、亚氏的《政治学》是最著名的经典作品。《政治学》第三卷第 16 章提到"完善的人是动物中最好的。但是，如果人离开了法律和正义，却是动物中最坏的"。因此亚氏的结论是："法治比人治较为可取。"他坚信君王制优于僭主制，原因是君王必须遵守法律。这种"法律至上""政府须受法律制约"的观点对后世产生了深远的影响。从 13 世纪英国《大宪章》至 1789 年美国人权法案，《政治学》揭示的"人人在法律之下"的宪法主义逐步成为西方民主政治的主流思想。这无疑是亚里士多德留给世人的宝贵精神遗产。

亚氏的《政治学》对柏拉图的学说提出不少批评，这种对业师不留情面的态度甚至使人怀疑他们的师生关系是否融洽。亚里士多德曾这样悼念柏拉图："他以有力的理论和言行身教，证明了好人的人生就是幸福的人生；他本人是独一无二的证明，或者说是第一个例证——这样的好人，坏人甚至连颂扬他也不配。"对恩师柏拉图，亚氏在《尼各马可伦理学》第一卷第 6 章曾作如下评论："尽管这种讨论令人为难，因为它要谈及我们所爱者提倡的理论。不过，我们最好还是作这样的选择。确实，为了维护真理而牺牲个人的所爱者，看来这是我们，尤其是作为爱智者（又译哲学家）的责任，理由是虽然友爱与真理这两者都是我们的所爱，爱智者的责任首先是追求真理。"亚氏这种"吾爱吾师，吾更爱真理"的理性的求真精神，千百年来给人们以极大的启迪，甚至造就了西方文化中难能可贵的相对重视客观性的倾向。

郭仲德
2015 年冬

译者序

亚里士多德用字精确,行文清晰,说理严谨,真不愧是世罕其俦的哲学家、科学家和逻辑学家。本书根据乔伊特(Jowett)英译(剑桥大学出版社 1984 年订正本)译出,其中个别地方参照巴尔克(Barker)英译(牛津大学出版社 1946 年版)。英译本中这两种最具权威,两学者用力之深令人折服,也颇令本译者汗颜。乔译简洁流畅,巴译娴熟细腻,均是不可多得之作,中文移译受益匪浅。

有些哲学著作晦涩难懂,枯燥乏味。亚氏的《政治学》铺陈理论,旁征博引,举历史掌故如数家珍,令人读来兴味盎然。亚氏不同意柏拉图的原始共产主义,包括公共食堂在内。他指出人们只珍惜属于自己的物件,无人爱护公物,但私有财产制反而会使人慷慨大度,生扶贫之心。亚氏观察入微,令人不禁莞尔。

我所看过的《政治学》中文旧译本,把亚氏所言的"中等人"和"平民政体"分别译成"中产阶级"和"民主政体"。公元前 4 世纪的希腊社会,有富人、穷人和不穷不富的人。将后一类人译为"中产阶级"必然引起读者误解,因为自马克思主义兴起后,"阶级"和"中产阶级"都有其特殊涵义。同样地,17 世纪特别是 18 世纪以后,"民主政治"一词的内涵与伯里克利时期雅典的平民政治差别很大。因文害意的译法不免误导读者。

《政治学》旧译本把亚氏核心思想"适度"或"中度"译为(不带引号的)中庸。中国哲学界近 10 年来,比较(亚里士多德)适度与(孔子)中庸的论文发表了不下几十篇,两者不等同,这一点殆无疑义。翻译并非诠释,译者不可把个人见解掺杂在翻译中。严守分际,才能做到忠于原文。

亚氏逻辑学的权威地位一直延续到 20 世纪,质与量是亚氏

《范畴论》中十大范畴的两项。他在《政治学》中界定公正原则时使用了这两个概念。质与量截然不同,质是不能量化的。现在大家都用"质量"这个词,其实是把清晰的概念混淆了。如果说语言是约定俗成,"质量"指的就是"质",这种毫无必要的俗定,可以说代表了思辨水平的下降。以讹传讹地使用含义不清的"质量"来翻译亚氏的论述,毕竟是说不过去的。语言是思想的载体,不精准的语言势必妨害所表达的思想的深度、明晰度、精确性等。

目前国内读书风气日盛,在追求新知以外,许多读者渴望阅读和吸收世界精神文明中的精华。西北大学出版社应时代的要求,推出了世界经典名著译丛。社长兼总编辑马来先生和我在译事方面有过愉快的合作经历,他知道我当年在大学和国外研究所主修西方哲学,希望我能译出《政治学》一书。世界学术巨擘亚里士多德是西方思想和文化的奠基者,准确地移译亚氏著作不啻是一种文化使命,因此我就不自量力地承担下来。本人才疏学浅,错漏在所难免,尚祈大方之家不吝赐教。

郭仲德
2015 年于纽约

目 录

亚里士多德生平 /1
导　言 /1
译者序 /1
第一卷 /1
第二卷 /24
第三卷 /58
第四卷 /93
第五卷 /126
第六卷 /164
第七卷 /179
第八卷 /212

第一卷

第1章

^{1252a}* 据我们观察,每个城邦(或国家)都是某种共同体①,而每一个共同体的建立都是为了实现某种善。所有共同体都以实现某种善为目的,国家作为包括其他所有共同体在内的最高(政治)共同体,所要实现的善大于任何其他共同体所企求的,即最高的善。

有些人认为政治家(处理政治共同体事务的人)、一国之君、一家之主和拥有若干奴隶的主人,在性质上是相同的②,他们之间的差别在于管理人数的多寡而已。比方说,管理几个人的人称为主人,管理多些人的人称为家主,管理更多人的人称为政治家或君王。而政治家与君王的区别在于:后者大权独揽;前者依照政治之术的规则行使权力,进行统治,也轮流接受统治。

以上的看法是错误的。使用我们一贯的考察方法,可予证明。政治学如同其他科学,必须对综合体③不断地做进一步分析,一直

---

* 本书注释均为译者所加。

贝克尔所校订的亚里士多德文集希腊文页数,每页又分 a 栏及 b 栏(1831 年柏林版)。历来学者引用亚氏原著均以该版本页数为准。

① 或译"社会团体"。
② 见柏拉图著《政治家篇》,258E 至 259D(页数按照斯蒂芬斯 1578 年版本,下同)
③ 或译"组合物"。

到单纯的元素或者整体的最细微部分为止。同理,唯有研究分析城邦的组成部分,才能了解各类管理之间的差异以及能否对各类管理建立精确的科学知识。

第2章

从事物(不论是城邦还是其他任何研究对象)的始源及其自然发展来考察,可得出最清晰的了解。首先,互相依存的生物必须结合在一起。例如,男女必须结合才能生殖——这种事本身无可选择。① 人类同其他动植物一样,出于本性,意欲留下酷肖他们的后代。天生的统治者和被统治者的联合也是必需的,唯有如此,才能得到保存。具有智慧、能深谋远虑的人是天生的统治者和主人,而具有体力、能依指示办事的人则是天生的奴隶,适合于被统治。因此,主人和奴隶有共同的利益。

1252b 女人和奴隶在天赋方面却不一样,由于世间有各种各样的功能,自然创造了各种不同的工具。自然毫不省事,不像德尔斐铁匠铸造的利刃②那样。这是因为每种工具作专门、单一的用途时最好使用。可是,野蛮民族对女人和奴隶不加区分,因为他们之中没有天生的统治者,男女结合只是男性奴隶和地位与奴隶等同的女人结合。所以诗人说:

希腊人统治野蛮人,
谁曰不宜?

它的含义是野蛮人和奴隶在本性上是相同的。

男人和女人、主人和奴隶这两种基本关系首先形成家庭。诗人希西沃图说得贴切:

---

① 亚氏所说的选择是理性的,不同于本能的、自然的驱使。
② 这种利刃可兼作宰牲、剥皮和出骨之用。

> 先营家室,以安其妻。
>
> 爰畜牡牛,以曳其犁。

对穷人来说,耕牛就是他们的奴隶。家庭是为了满足日常需要而自然形成的共同体,嘉隆达斯称家庭成员为"食橱伴侣",克里特人厄庇米尼特称之为"食槽伴侣"。

下一阶段就是村落的形成。村落是由一个以上的家庭为满足除生活基本需要以外的其他需要而建立的共同体。村落的形成完全是一个自然的过程,它是家中儿辈和孙辈繁衍的结果。所以有人说村落的成员是"同乳所哺",或者是"众子孙"。希腊人的城邦最初由君王统治(迄今野蛮人的情况仍然如此)就是这个缘故。希腊人在建立城邦以前,已习惯于君王式的统治:在家庭中,由最年长者统治;在村落中,由于血缘关系,由年纪最大的长老统治。正如荷马描述远古散居四方的部落时所说的:

> 每个人各自给妻儿订立法规。①

人们说众神有君王,这正是因为他们目前在君王统治之下或者在远古时曾被君王统治。他们不仅想象众神的形象同自己一样,甚至连生活方式也和他们相同。

最后的阶段就是由几个村落组成单一共同体——城邦。城邦发展起来是为了确保生活需要得到满足,在这一点上,它还不能算自足。已发展的城邦继续存在却是为了确保优良的生活,这才是完全自足。

城邦是由早期自然存在的共同体演变而来的,因此城邦也是自然存在的。城邦是这些共同体的目的——事物的本性即其目的。每一事物完全发展起来称为自然,② 无论是一个人、一匹马或

---

① 荷马著《奥德赛》,Ⅸ 114 至 115。
② 这是亚氏哲学的基本理论,即目的论自然观。

者一个家庭都是如此。^{1253a} 除此以外,事物的目的或终极目的乃是完美。城邦旨在实现自足,自足就是城邦的目的,因此完美。自然旨在达成完美,城邦促成自足(完美),因而是合乎自然的。

由此可见,城邦是自然的产物,而人天生是政治动物。由于本性,非因偶然原因而不归属任何城邦的人,他不是太好就是太坏,不是超人就是非人;他们有如荷马所斥责的好战的遭放逐之人:无族、无法、无家,这种人生性好斗,他们拒不合作,有如一局棋中的孤子。

人是政治动物,他又显然不同于蜜蜂或者其他群居动物。依据我们的学说,自然创造的一切都是具有某种目的的。所有动物中,唯有人具备言语的天赋。言语有别于声音;其他动物也能发声,表达出快乐和痛苦。这些动物具有的本性确实使他们感受到快乐和痛苦,而且还让他们彼此传递这方面的讯息。语言却能表达什么是有利或有害,进而表达什么是公正或不义。人与其他动物的真正差别在于:只有人才具备善恶是非的辨识能力,而具备这种辨识能力的生物的组合构成了家庭和城邦。

除此以外,从自然的次序①来说,城邦显然先于家庭和个人,因为全体必然先于部分。比方说,整个身体如被摧毁,就不会有手或足。也许有人提到断手(或断足),但这就与原来所指的手(或足)不一样了,因为手已不复是手(断手只具有石造的手那样的含义)。一切事物的特有性质来自其功能和能力,如果事物不能发挥固有的功能,就不能称为同一物;就算用同名,亦不是同物。

个人在孤立时,便不能完全自足,他就像部分而非全体(城邦是全体,个人只是部分)。不能在社会中生活的人,或者是觉得自足而不需要生活在社会中的人,要么是神,要么是野兽,他不是城

---

① 自然具有目的,人和家庭的目的必须通过城邦才能实现。

邦的一部分。自然赋予人一种社会本能，首先建立城邦的人，对造福他人贡献最大。完全发展的人是动物中最优秀的。不过，人背离了法律和正义，就堕落为最恶劣的动物。武装起来的不义是最难对付的；人生下来就具备语言等利器，旨在发挥智能[①]和德性，但极容易被人用于相反的目的。因此，道德败坏者是动物中最凶残的，也是最不公正、最荒淫、最贪婪的。法律是城邦的组成分子彼此间的纽带。法律断定是非曲直，而这就是政治共同体的约定原则。

第3章

1253b 每个城邦主要是由家庭组成的，有必要先讨论一下家庭管理。一个家庭包括奴隶和自由人；家庭管理的各个不同部分是与家庭组成分子相对应的。我们的考察应当尽量从最小、最单纯的元素[②]入手，就是主人与奴隶的关系、丈夫与妻子的关系、父母与子女的关系。因此有必要探讨这三种关系，即主奴、婚姻（男人和女子结合尚无适当名词）以及亲子（这种关系也无适当名词），而且研究每一种关系的应有性质。除此以外，家庭还有另一种元素[③]，即所谓致富术。有人认为致富术就是家庭治理，另一些人则认为它只是家庭管理的主要部分。这个问题容后讨论。

首先讨论主奴关系，探究主奴关系对实际生活需要的影响，从而增进对目前有关主奴关系理论的认识。有些人认为当奴隶主是一门学问，而且家庭管理、奴隶管理同当政治家或者当君王管理国家都是同一套治术（前文已指出这种看法的错误）。另一些人则认

---

① 或译"明智"。
② 或译"基本部分"。
③ 或译"基本部分"。

为主人管理奴隶是违反自然的,奴隶与自由人的区分只是依习俗和常规,他们天生没有任何差别,而这种管理干预了自然,因此是不义的。

第4章

财产是家庭的一部分,聚敛财产之术是家庭管理的一部分,因为如果生活中未能获得必需品,就生活得不好,甚至无法生存。就任何特别的技术来说,工人需要适当的工具才能完成任务。家庭管理的情形也是如此。工具有多种,有些具有生命,有些无生命。例如,在航海中,船舵无生命,而瞭望水手则是一个活着的工具。一个仆人,从所干活儿这个角度来看,他是一种工具。人的拥有物可以说是使其能够生活的工具;而个人财产,即是此等工具的总和;奴隶是一件活着的财产;与工具一般,奴隶是一件管理其他工具的工具。倘若每件工具都能听从或预料到他人的意愿,完成本身的工作,如达达罗斯的雕像或赫法伊斯托的三脚宝座——荷马曾这样咏叹:

> 不假外力地自动进入奥林匹亚山众神的集会。

倘若纺织梭子能自动织布,琴拨子能自动拨弦,那么工头就不需要帮手,主人也就不需要奴隶了。

1254a 一般所谓工具指的是生产工具,而财产则是行为的工具。① 例如,纺织梭子除可供使用外,还能生产其他东西,但衣物或床则只供使用。此外,生产和行为种类迥异,两者所需的工具因而必属不同种类。生活是实践行为,而不是生产活动,所以奴隶是行为所

---

① 亚氏认为"生产"与"行为"的区别在于:生产导致结果(如产品),此等结果存在于生产终止以后;但行为(如提供服务)一旦终止,本身便完成。在其伦理学中,善行本身就是目的。

需工具之一。

一说到财产就有如说到部分,因为部分不仅是事物的一部分,而且整个属于该事物。财产也是如此。主人仅仅是奴隶的主人,并不属于奴隶。奴隶则不仅是主人的奴隶,而且整个属于主人。由此可见奴隶的本性和功能:凡是本性上不属于自己而属于他人的,就是天生的奴隶。所谓属于他人的人,作为奴隶,也是一件财产——一个独立存在的实践行为的工具。

第5章

世上是否有人在本性上是奴隶,让这种人受奴役不仅有利①而且公正呢?抑或一切奴隶都是违反自然?无论做理性的哲学探究还是总结实际经验,这个问题都不难解答。因为有些人统治人,有些人被人统治,这不但属于必然的范畴,而且也是有利的。有些人生下来就注定受人统治,另外一些人则注定统治他人。

统治者与被统治者有许多种类,统治者的素质基本上取决于被统治者的素质。例如,管理人就比管理禽兽高级,因为能力强的工人劳动成果比较好——统治与被统治的关系本身是两方形成的。任何综合体②,无论其组成部分是连续性(例如,灵魂与躯体)或非连续性(例如,主人与奴隶)都显现出统治与被统治的关系。生物彼此间存在着这种关系,因为这是自然整体的结果。即使非生物,彼此之间也存在着支配与被支配的关系,音乐旋律就是其中一例(这属于通俗研究领域,此不赘述)。

生物首先是由灵魂与躯体组成的,而前者本性是统治,后者本性则是被统治。我们应当从那些保留本性的事物探求自然的目

---

① 亚氏认为主奴关系对双方都有利。
② 或译"组合体"。

的,因为这在已败坏的事物中是找不到的。所以,我们的研究对象应当是躯体与灵魂都处于最佳状态的人。这类人的躯体显然完全受灵魂的支配,^{1254b}而长期沉沦或一时堕落的人,其躯体往往支配了灵魂。

无论如何,在生物中我们首先观察到主人的管理与政治家的统治。灵魂支配着躯体就像主人的管理,理智支配着欲望就像政治家或者君王的统治。这些关系表现出躯体受灵魂支配,本性的情欲部分受头脑(理智部分)支配,这不仅自然,而且有利。然而,如果倒置过来,甚或两者平行,后果是不堪设想的。人与禽兽之间的关系也是如此,驯养的动物比野生的动物的本性好,而所有驯养的动物在人的管理之下都得到保全。此外,就男女来说,男人天生比女人优越,因为在本性上,男人是统治者,女人是被统治者。这一条适用于全体人类。

因此,倘若两人之间的差异有如灵魂与躯体,或如人与动物(只配从事体力劳动的人就属这一类),那么,低劣者被奴役是合乎自然的。前文曾举例说明,有主人管理对奴隶来说是件好事。具有奴隶本性的人不属于自己(实际上属于主人),尽管不具备理智,奴隶却能感知他人的理智(其他动物则完全由情欲驱使,不听从理智)。使用奴隶确实同使用驯养的动物差不多:利用他们的体力来提供生活的必需。自然赋予奴隶强壮的体魄以供劳役,赋予自由人挺拔的身躯,虽然粗活做不来,却能实现公民生活的各种目的,包括和平时期的政治职务和战时的军职。但相反的情形也经常出现:有些奴隶具备自由人的身躯,却没有自由人的灵魂;有些人具备高尚的灵魂,却没有挺拔的身躯。

毋庸置疑,如果一批人与另外一批人在形体上的差异有如众神的雕像与人类之间的差异,大家肯定会同意:低劣的一批人只配当优秀的一批人的奴隶。但如果形体上的差异导致这样的看法,那么,灵魂的类似差别岂不导致更为公正的结论?只不过形体的俊美人所共见,灵魂的高尚无法被看见罢了。^{1255a} 显然,有些人天生为自由人,有些人天生是奴隶。对于后者,被奴役不仅有利,而且公正。

第6章

有人提出相反的观点,从某个角度来说,这不是完全没有道理的。奴隶(或奴役)有两种不同的含义:除了天生的奴隶,还有合法的奴隶。此处所说的法律是一种约定俗成,即战争中获取的一切完全归战胜者所有①。不过,许多法学者痛恨这样的观念:强者凭武力征服弱者,弱者于是成为强者统治下的臣民和奴隶——他们对这项强权的法律提起诉讼(控罪相当于指控演讲者所提的措施违法)。另外也有人表示赞成这条法律。总之,众说纷纭,甚至贤哲也莫衷一是。

下文将阐明争议的根源以及双方论据引起混淆的原因②。在某个意义上,德性辅以物资资源,在征战中确实是锐不可当的,而征服者往往也以某种德性见著于世。人们同意强权与德性之间有某种关联,由于产生了"强权与德性相一致"的观念。一部分人把公正等同于善意,而另一部分人则认为强权就是公正。双方的真正分歧只是何谓公正的问题而已。关于公正这个观念的不同解释,正是整个问题辩论混淆不清的原因。这方面的争议存而不论,双方的论据都不足以质疑(更遑论推翻)这样的原则:德性高尚者

---

① 战败被俘虏者理所当然属于战胜者,被俘者成为其奴隶,所以奴役是合法的。
② 根据英学者纽曼对亚氏这句话的分析,对立的两方都接受"强权与德性相一致"这个原则。但一方对此原则的解释是"强权本身涵蕴了德性",因而赋予征服者奴役俘虏的权力。另一方则将之解释为"强权必须同德性相结合",这样主奴的合法关系才得以确立。

应当作统治者或主人。

除此以外,有些人坚持所谓公正就是合法的意思,把战争的俘虏收为奴隶是合法的行为,所以是公正的。可是,他们却难以自圆其说。首先,发动战争的原因可能是不义的(收为奴隶便不是公正的)。其次,没有人会把原本不应为奴的人称为奴隶。否则的话,奴隶当中会有贵胄及其后代(倘若被俘卖为奴隶)。希腊人不肯以奴隶称呼本国人,原因即在于此。奴隶一词仅用于外邦人,这种用法实际上就是表达自然奴隶的概念(即我们在开头所说的奴隶是天生的)。这样就不得不承认:有些人不管在哪儿都是奴隶,而有些人不管在哪儿都不会是奴隶。这一条对贵族也适用。贵族不仅在族人之中,而且在各地都以贵胄自居。希腊人还认为出身高贵的外邦人只在外邦才算高贵,于是贵族和自由人分成绝对的和相对的。在塞奥德克的一出戏中,海伦这样说:

> 我的双亲皆出自神裔,
>
> 谁斗胆称我为奴婢?

这种说法也就是以德性的多寡有无为准则,来区分自由人与奴隶、天生高贵与天生低贱。^{1255b}依照这个想法,人生人,兽生兽,善良人的后裔也善良。但是,虽然这是自然的本旨,却往往无法实现。

由此可见:(1)这方面的意见分歧是有原因的。(2)有些奴隶不是天生的,有些自由人也不是天生的。(3)在某些情形下,奴隶和自由人确定是天生的——依照自然的本旨,奴隶顺从,主人行使权威,这既有利而且公正。倘若主人管理不当,双方都蒙受损害。这是因为奴隶是主人的一部分,即主人躯体以外的活着的部分,而部分与全体、躯体与灵魂的利益是一致的。所以,主奴关系倘若合乎自然,双方有共同利益,甚或可做朋友①;倘若仅仅是法律容许或

---

① 亚氏所著《尼各马可伦理学》第八卷第 11 章提到,在某些条件下,与奴隶建立朋友关系是可能的。

者武力所造成的,情形则恰恰相反。

第7章

由是观之,主人统治奴隶同政治家的统治是有差异的。各种统治迥异,这恰与有些人①的看法相反。统治本性上的自由人不同于统治本性上的奴隶;家庭的管理是君王式的,因为每个家庭都是由一个人掌管;政治家的统治则是对平等的自由人的统治。

主人之所以称为主人,不在于他的知识,而是他的禀赋。对于奴隶和自由人,情况亦复如此。

此外,有所谓主人的知识和奴隶的知识。有一位叙拉古人靠教仆人做日常工作赚钱,他所传授的可称为奴隶的知识,其范围包括烹饪和各色各样家政。奴隶工作也有不同种类,有些技艺性要求比较高,而一般性工作多属必需。正如谚语所说:"奴隶有优劣之分,主人有高下之别"。

所有这些领域的知识都是奴隶事务。也有一门主人的知识,即教授如何使用奴隶(主人之所以为主人,不在于他获取奴隶,而是如何使用奴隶)。但这门知识不十分重要,它不算严谨的学问。主人所需要懂得的是如何使唤奴隶做他们应当会做的事。因此,请得起管家的主人,在这方面再也不必操心,可专事哲学和政治研究。关于获取奴隶之术(我说的是合法获取)不同于做主人之术或当奴隶之术,它属于狩猎或战争之术的支系。

关于主人和奴隶的界说到此为止。

---

① 指柏拉图等人。

第 8 章

^{1256a}我们已论证过，奴隶是财产的一部分，现照一贯的研究方法，探讨一般财产以及致富术。第一个问题是致富术是否等同家庭管理，它是家庭管理的一部分，抑或家庭管理的一种辅助？如果是后者，致富术与家庭管理的关系有如织梭制作与织布的关系，抑或有如青铜与雕像的关系？这两种关系迥异：前一种提供了工具，后一种提供了材料（材料是指用以制作的质料，因此羊毛是织工所用的材料，青铜是雕像的材料）。家庭管理之术与致富术显然是不一样的，因为前一种使用材料，后一种提供材料（家庭管理不正是家庭资源的使用么？）。不过，究竟致富术是家庭管理的一部分还是完全不同的事物，这一点仍有争议。力求致富者必须考虑从何处可得到财富和财产。既然财富和财产有很多种，那么家畜管理、一般食物的供应和管理，属于家务管理的一部分还是截然不同？

食料也有很多种，这导致动物和人类各有不同的生存方式——生物不能没有食物，食物的不同造成生物生存方式迥异。在动物中，有些群居，有些独居，都是以最有利于它们获取食物的方式存活——分别成为肉食动物、素食动物和杂食动物。自然让它们有各自的生活习性正是为使它们比较容易获取所需的养分。不过，动物吃食物也是各有嗜好，即使肉食动物（或素食动物）中，嗜好的食物因种类而异，因此生活方式也不一样。对人来说，情形也是如此。最慵懒的是牧民，他们过着闲逸的生活，宰杀牲口为食——由于放牧，他们只好过着逐水草而居的生活。有些人靠狩猎为生，猎人也分为多种。有些人当起强盗；另外一些住在湖泊沼泽之畔或江河大海之滨，则以打鱼为业；还有一些人以捕捉飞禽走兽为生。大多数人则靠耕作收获农作物为口粮。

依靠个人劳力,不以交易和零售获取食粮的人之中,维持生计有五种不同的方式:^{1256b}畜牧、农耕、掠夺①、捕鱼和狩猎。有些人兼营两种生计,以补不足,从而过着比较舒适的生活。所以有牧民从事劫掠,而农民也有出猎的,等等。人们还依需要和兴趣塑造自己的生活方式,形形色色的生计组合也就应运而生。

所有生物从诞生到完全成熟,生养所需的物资一概从自然中获取。有些动物在出生时体内就有双亲留下来的养分,足以维持到能够自行供食。例如,无脊椎动物的蛆,卵生动物的卵。胎生动物在某一期间内身体分泌出养育下一代的养料,即所谓乳汁。同样明显的是,成年的动物也从自然中获取给养。植物之所以存在是为动物提供饲料,而动物之所以存在又是为人类提供食料。驯养的动物不仅可食,还可供使用。胎生动物多数也可食,而且可制成衣履和器具。既然自然的作为皆有目的,就不会有徒劳之举,它创造一切动物都是为了人类。在某种意义上,战争之术也是取得物资的自然方式。狩猎就是战争之术的支系,从事狩猎,其对象是野生动物以及天生应受统治但又拒绝自然本旨的人——这类战争合乎自然而且是公正的。

关于取得物资之术,有一种依照自然本旨,属于家庭管理的一部分,也就是一开始储存足够物质,②不然的话,须设法确保物质(维持生活所必需以及对城邦或家庭有用又可以储存起来的物资)得到供应。这些物资可视为真正的财富。虽然梭伦有诗曰:

  财富本无量。

但是为着过好生活,财产数量并不需要无限。有如其他技术,限度是存在的。任何技术的工具,以数量和大小来说,从来都不是无限的,而且财富可定义为家庭或城邦所用工具的数目。综上所

---

① 在亚氏时代,在地中海东部一带掠取是被容忍的行为。
② 意指自然所提供的。

述，家庭管理者和政治家实行的是合乎自然的致富术，之所以这样做的理由亦至为明显。

第9章

取得物资之术还有另外一种形式，人们通常称之为致富术，可谓十分恰当。财富无限量的想法[1257a]即出于致富术。人们经常把致富术与前者相提并论，因此许多人把两者混而为一。虽然两者相差不大，但毕竟不是一码事。前一种是合乎自然的，后一种则是通过经验和技术而取得的。

让我们探讨一下致富术的问题。每一件财产都有两种用途，而两种用途都是对这件物品本身的使用，但使用的方式不一样：一种是正当使用，另一种是非正当使用。例如，一双鞋子可用来穿在脚上，也可以用来交易。两者都是使用鞋子，即使把一双鞋子给了需要鞋子的人，换回来货币或食物，也是把鞋子当作鞋子用，但这不是鞋子的正当用途，因为鞋子做出来非供交换之用。其他各种财产的情形也是这样。交易之术适用于一切财产，它起初出于自然的情况，即有些人某些所有物过多，有些人某些所有物不够。由此可以得出这样的结论：零售贸易在本性上并非致富术的一部分，否则，人们在所有物足够时就会停止交换。

家庭是第一个形式的共同体，在家庭内，交换显然派不上用场——共同体的范围扩大以后，交换就开始起作用。家庭成员最初是共用所有的东西，村落的成员是相分隔的，各村落成员拥有的东西不尽相同，他们需要互通有无。迄今许多野蛮民族还是用以物易物的方式取得生活必需品，例如，用酒换谷物或者用谷物换酒等等，但仅到此为止（没有进一步的发展）。这种以物易物不是致富术的一部分，它与自然不悖，而是满足人的自足所必需的。这种形式的交易理所当然地发展出另一种形式。倘若一国居民所需的供应越来越依赖他国的资源,为便利进口所缺、出口所剩,采用货币是必由之路。由于各类生活必需品不易携带,因此为了进行交换,人们同意收取一些对生活有用、便于携带的商品,例如银、铁等。起初是按大小轻重来计值,最后每块金属都加盖印记,标示数量,以免除交易时逐一称量记值的不便。

1257b 货币一经采用,必要的交换逐渐发展成贸易,即另一种形式的致富术。开始时,贸易大抵相当单纯,但人们通过经验了解到从何处及如何进行交换能谋取最大利润,这就变得复杂起来。致富术源自货币,所以一般认为货币同致富是分不开的——致富术就是一种了解到从何处可获取大量钱币的能力。由于获取物资和零售贸易都涉及货币,人们往往认为财富就是拥有大量钱币。

也有人认为钱币只不过是一种赝品,它不是自然的东西,只是约定俗成使然。如果使用者用另一种商品取代钱币,钱币就失去价值,因为它再也买不到生活必需品。他们还指出:拥有大量钱币的人竟然不知道如何采购生活必需品。寓言中的米达斯,贪婪地祈求点物成金的本领,在如愿以偿后,双手触及的食物全都变成金块,结果活生生饿死。倘若拥有大量金块的人也会死于饥饿,金钱等同于财富①的观念岂不荒谬?

这些人试图就财富和致富术提出更妥善的观念,他们这样做是正确的。自然财富和合乎自然的取得的物资都是家庭管理的一部分,不同于零售贸易(通过交换商品的手段赚取金钱的另一种取得物资的方式)。零售贸易被视为关乎钱币——钱币不但是交换的单位,同时也使交易有个限度。可是,通过这种取得物资的方式得来的财富是没有限度的。

---

① 指真正的财富,也就是自然财富。

以医术来说，谋求健康是没有限度的，正如其他技术一样，它们的个别目的之实现是没有限度的，这是因为它们本旨在于目的之尽量实现（不过，手段是有限度的，因为目的本身往往对手段加以限制）。零售贸易这种取得物资的方式也是没有限度的（它以取得财富——钱币为目的）。另一种取得物资的方式（家庭管理的致富术）却是有限度的，因为家庭管理的目的并非聚敛无限的财富。由是观之，一切财富都应该有限度。可是在实际上，情形恰恰相反：所有敛财者聚敛金钱都是多多益善，永无止境。这种现象的发生是因为取得物资的两种方式相似——尽管两者的用途不一样，手段却相同，所以容易引起混淆。聚敛金钱只是其中一种方式的目的，另一种方式的目的并非如此。有些人弄不清楚其中的差别，以为致富就是家庭管理的目的，所以一直相信应当不断地、无限地增加金钱，最起码来说，手上的金钱绝不能愈来愈少。

这种心态的根源是人们对生计（而不是对能否过舒适生活）的忧虑。[1258a]由于他们对生计的欲望是无止境的，因此他们对满足生计的手段的企求也是无止境的。即使那些企求过舒适生活的人，也追求感官方面的快乐，而后者的获得又视乎个人对金钱的聚敛，于是他们便专事赚钱。低级形式的取得财富之术流行起来，真正原因在于此。

物资愈是过剩，就愈能够享乐，所以人们就致力取得物资之术。倘若不能由此得到所企求的，便会通过其他手段，包括以违反自然的方式使用各种各样的能力。例如，勇毅的本旨在于产生自信力，而不是赚钱；统帅的本旨是打胜仗；医生的本旨是保健，完全无关乎赚钱。然而，有些人把所有技术都变成赚钱之术，俨然赚钱就是目的，一切事物都是为这个目的服务。

如上所述，取得物资之术有两种：不必要的和必要的。我们已讨论过：（1）前一种的具体内容；（2）何以某些人要使用前一种；

(3)后一种与前一种的差别在于后一种乃是家庭管理的一个自然部分,关乎食物的供应;(4)前一种是没有限度的,而后一种有一定的限度。

第10章

我们于前文提出:取得物资之术是否是家庭管理者和政治家的事务?答案已十分清楚:从一开始就有物资以供利用。作为政治家,诚然不必"创造人",人是自然所提供的,政治家只是取而用之而已,大可期望自然会给予人食物(源自陆地、海洋或其他)。管理者就在这个基础上履行职责,把自然提供的物资加以分配。好比织工,他虽不创造羊毛,但却使用之,同时也懂得羊毛品质的优劣及合用与否。

假定取得物资之术是家庭管理的一部分,人们不禁要问:医术不也应当是它的一部分吗?因为家庭成员必须身体健康才能存活或者满足日常的需要。正确的答案是:在某个程度上,确保成员健康是管理者或统治者的事务,可是一旦超出这个程度,就是医师的事务。同理,对于物资,在某个范围内,它是管理者该过问的,但超出这个范围,便是由下属处理的事务。

先前已说过,最好是从一开始自然就提供了物资。自然的功能就是给所有生物在诞生后提供食物,新生儿的食物往往是母体遗留下来的养料。因此,取得物资的自然途径就是取自水果和动物。

如上所述,取得物资有两种途径:一种是通过家庭管理,既是必要也是人们所赞成的;另一种是通过交换的贸易,不赞同它是有道理的,因为^{1258b}它不是从自然获利,而是从他人处获利。还有一种最令人厌恶的就是收取利息,厌恶它是绝对有理由的,因其获利是由货币本身而来，不是从货币旨在促成的交换本身。货币之创立只是作为交换的工具，而放息就是要货币增加，即所谓孳息，有如动物生下酷肖自己的下一代，钱生钱。取得物资之术的所有一切形式中，这是最违反自然的一种。

第11章

我们已充分讨论过致富的理论，现在该谈一谈实践方面。致富的理论也许可以自由发挥，但实践必须结合当时的条件和要求。致富术具有实际用途的部分如下：(1) 畜牧的经验。饲育哪些家畜的利润最高，在哪些地方饲育，如何饲育。例如，马、牛、羊或其他动物，哪些品种最有利可图。我们唯有凭经验才知道，哪些家畜的利润比较大，在哪些地方能够卖到最高价钱（因为某种家畜在某一处非常抢手，而在另一处人们争购的却是其他的家畜）。(2) 耕作的经验，包括农耕种植、养蜂、养鱼及家禽等可供人类食用的动物。这些都是真正或正当致富术的最原始部分。

致富术的第二个形式是交换，其中首要的是商业。商业分三大类：(1) 船只供应、货运和商品陈列出售（依风险的大小和利润的高低又分成各个行业）；(2) 借贷；(3) 雇佣（部分是受雇于制造业的技工，部分是提供劳力的非技术性工人）。致富术除了自然方式和交换方式以外，还有介乎两者之间的第三种方式，也就是自然方式和交换方式相混合。这包括了地下矿藏的挖掘或者陆上不结果实但有用途的东西，例如开矿和伐木。矿业也分各个行业，因为挖出来的矿产有许多种。

对于每种致富术，我只做一般性评论。也许详尽的探讨有助于实际上的作业，不过，由于篇幅有限，在此不赘述。

在各行各业中，最不得草率的是技术性要求高的职业，对身体健康损害最大的是要求最苛刻的职业,劳力被榨取光的是最低贱的职业,最不需要注重德性的是最不高尚的职业。

好几位作家在这方面都有著述:^{1259a}帕洛斯岛人嘉里斯和利姆诺岛人阿波罗多波曾撰写关于农耕和种植的书籍,其他作家也有一些相关课题的作品可供有兴趣的读者参考。

有些发家致富的事迹值得一提,可供重视致富术的人借鉴。例如,米利都人泰利士①有这样一则轶事:泰利士智慧过人,他想出一套可到处通用的生财之道。虽然他一向贫穷,被讥为百无一用的哲学家;可是,他精通星象学,测出来年橄榄大丰收。恰好他手上有一笔小钱,于是用作押金,年初把开俄斯和米利都两地的榨油房全给包下。由于无人竞标,租金出奇低。收获季节到了,对榨油房的需求陡增,他便以高价出租,赚了一大笔钱。泰利士向世人证明:哲学家想发财并不难,只不过哲学家所追求的不是致富之道。这则轶事之所以脍炙人口是因为泰利士表现出了非凡的智慧。可是前文提过,他所采取的策略——垄断商品——涉及致富术一条普遍适用的原则。因此,有些城邦在需要金钱时也经常使用这种方法,即把供应品垄断。

有一位西西里人用他人寄存的钱把铁矿所有的铁全部买下。当各地商人前来购铁时,他便成了唯一的货主,用不着哄抬价钱,就平白赚了一倍。狄奥尼修斯②知道此事后,告诉他钱可以让他带走,但人不准再留在叙拉古,因为狄氏认为该人所创的赚钱手法会损害到他个人的利益。该人的手法与泰利士的手法如出一辙,两人都设计造成垄断。其实政治家也应当掌握这方面的运作——城邦往往像家庭一样需要金钱,或者更甚,因而需要更多的致富方法。所以有些政务官专事理财。

---

① 希腊最早的哲学家,生于公元前 6 世纪。他提出水为万物起源的学说。
② 希腊僭主。关于僭主和僭政,见卷二第 6 章。

第12章

前文提到家庭管理有三个部分：(1)主人管理奴隶（这部分已讨论过）；(2)父权的行使；(3)夫权的行使。家主管理妻儿属于对自由人的管理，但管理方法不尽相同：^{1259b}对妻子的管理有如政治家对其他公民的管理，对子女的管理有如君王对臣民的管理。男人天生比女人更适合指挥（尽管也有违反自然的例外情况），就像稳重年长者比少不更事者更适合发号施令一样。政治家行使治权，在大多数情况下，公民轮番执政；政治共同体的成员依本性来说一律平等，彼此间没有差别。然而，统治与被统治的关系确立后，统治者在外表的尊严、讲话的声调语气以及头衔方面刻意突显个人——这使人想起阿马西斯的脚盆之说。① 男人与女人之间的关系始终有如政治家与其他公民的关系，父亲对子女的统治则有如君王对臣民的统治。父亲凭借子女的孺慕之情和敬老之心行使父权，这又与君权类似。

荷马称宙斯为"众神与万民之父"是十分适切的，因为他确实是统治全体的君王。君王在本性上优越于臣民，但君王应当和臣民同一种族，这种关系也是长幼关系、父子关系。

第13章

由以上的分析，显而易见的是：(1)家庭管理对人的重视超出对物的重视；(2)对人的能力品行的重视多过对物品功用的重视，即人们所谓对财富的重视；(3)对自由人的能力品行的重视又高于

---

① 阿马西斯，公元前6世纪埃及国君，庶民出身，曾下令用金脚盆铸成神像，埃及人遂对之顶礼膜拜。他以脚盆喻今昔不同，即贵为国君，当受万民尊敬。

对奴隶的能力品行的重视。关于奴隶,首先可以提出这样的问题:除了作为工具和仆人应有的能力品行之外,奴隶是否具有其他能力品行?他们是否也具备节制、勇敢、正直等品德,抑或仅仅具备供人役使的能力?答案若是前者,那么,奴隶与自由人之间的区别何在?答案若是后者,既然奴隶是人,同样具有理性,说他们没有品德未免荒谬。关于妻子和孩童,也可以提出类似的问题:他们是否也具有品德?做妻子的也应当具备"节制""勇敢"和"正直"的品德?孩童到底是"节制"抑或"无节制"?还是这些统统说不上?

在这里,应当提出一般性的问题:天生的统治者的德性和天生的臣民的德性是否相同?如果对两者都要求具有高尚的品德,那么,为什么前者总是实行统治,后者总是被统治?两者之间不可能只是程度上的差别——统治与被统治在种类上全然不同,这与程度深浅毫不相干。若说前者具有德性,后者缺乏德性,又似乎有点怪诞。如果统治者既无节制又不公正,如何能够施善政?倘若被统治者也是如此,他们不可能做良民。凡是放肆或懦弱的人无非总是不好好履行职责。[1260a]因此,统治者和被统治者显然都具有德性,只不过德性各有不同,即使被统治者的德性也因人而异。

德性的差异可以从灵魂的性质来了解。灵魂原本就分为两个部分:支配与被支配。它们各自有其德性,支配的部分尊崇理性,而被支配的部分则以非理性为尚。这种情形显然也存在于家庭、城邦等。因此,统治者即是天生,被统治者亦是天生,这是一般性的规律。然而,自由人管理奴隶、男人管理女人、大人管理小孩,分属不同种类的统治。显然人人皆有灵魂各个部分,各个人具备各部分的程度深浅有别。奴隶完全没有思辨能力;女人确实具有这种能力,但欠缺威信;孩童也有这种能力,但未发展起来。德性亦复如此。人人都具备德性,但程度有深有浅,视乎所需履行的职责而定。统治者必须具备最完美的品德,因为其职责的本质绝对要求他运筹帷幄,也就是有理性;而要求臣民的只是恰如其分的品德而已。所以虽然人皆有德性,但与苏格拉底所说的恰恰相反,男女具备的节制、勇敢和正直的品德是不一样的:一种是统治者的勇气,另一种是被统治者的勇气。其他品德亦然。若就此做进一步探讨,情形就更加清楚了。有些人概括性地说好品德即是"灵魂的良好状态"或者"行为正当",等等。这种说法难免有自欺之嫌。为品德下一般性定义,远不如列举各种合宜品德,高尔吉亚就是这样做的。各种各样的人自有其特质。诗人索福克勒斯在称颂女人时说:

   娴静是妇人的光环。

  但对男人来说,却非如此。孩童还未发展成熟,就品德而言,显然不是指目前之身,而是指日后完全成长的他以及与其监护人的关系。同理,奴隶的品德乃指与主人之间的关系。我们已确定奴隶的使用系出于生活的需求。所以,不要求奴隶具备崇高的品德,只要他们不放肆、不懦弱,只要做好分内的事,这样就足够了。如果这一点成立,也许有人会说:工匠常因草率而坏事,这种情况既然正常,也就不必要求工匠具有什么品德了。可是,工匠的情形与奴隶的情形是截然不同的。奴隶和主人在生活上交集在一起,但工匠与主人之间的关系却不密切。要求工匠具备的品德①应与工匠供主人役使的程度成正比。仅就某种工作来说,工匠供人役使而已;^{1260b}真正的奴隶是本性上的,而鞋匠和其他技工却不属于这一类。显而易见,主人光是懂得如何训练奴隶从事劳务是不够的,他应使奴隶具备他们应有的德性。有人主张同奴隶不必讲什么道理,只要下指示即可。这种想法是错误的,奴隶不时需要加以训诲,较孩童尤甚。

---

  ① 指服从指示等德性,他个人的品德不在此列。

这些问题的讨论到此为止。至于夫妻关系、亲子关系、各方的德性、他们的相互关系、哪些关系是对的、哪些关系是错的、如何在其间趋善避恶——这一切有待讨论政体类型时再加以探究。这是因为夫妻、亲子等关系是家庭的一部分,而家庭是城邦的一部分,在考虑部分的德性时,必须考虑到全体的德性。如果妇女和儿童的德性与城邦的德性应当有些关系,那么,他们所受的教育应使其关注政体类型。妇女和儿童的德性必然会影响城邦的德性,因为妇女占自由人总数的一半,儿童长大后也将参与城邦政治。

家庭的奴隶事宜和取得物质之术已讨论完毕,其余的问题稍后再探讨。我们的考察至此结束,接下来讨论新课题。首先让我们来探究各种关于理想城邦的理论。

第二卷

第1章

假定我们具备追求最理想生活的条件,那么最优良的政治共同体是什么?欲探讨这个问题,需先考察一下本国政体以外的一些政体,这不但包括以治理良好著称的现有政府,而且包括颇受推崇的政体理论。这样做是为了辨识什么是正确的和有用的。我们之所以探索一些其他形式的政体,并非要炫耀自己的原创性,而是因为当前一切政体都不能令人满意。

考察应从自然的开端入手。城邦的成员有下列三种共有方式:(1)一切共有;(2)一切不共有;(3)一部分共有,另一部分不共有。一切不共有是不可能的,因为城邦是一个共同体,必然有一个共同的地点(城邦所在地),[1261a]而公民就是共有该城的人。治理良好的城邦应当尽量一切共有,还是一部分共有,另一部分不共有?公民共有孩童、妻子和财产的情形是可能发生的,根据柏拉图《理想国》的记载,苏格拉底主张共有这一切。到底应维持现状,还是依循《理想国》所述规定?两者孰优孰劣?

第2章

共妻制的建议涉及许多困难。苏格拉底认为建立共妻制是达成他所说的目的①所必需的,但对于这一点,他没有提出论证。作为该目的之手段,《理想国》所载的计划是不可行的②,而苏格拉底也没有说明对该计划应如何理解③。苏格拉底从这样的假定出发:整个城邦达到最高程度的一致性④即为最高的善。可是,一个城邦尽量趋向划一,最后就不再是城邦了。个中道理很简单:城邦是某种组合,它的多样性是自然的。它若是趋向划一,首先即成为家庭,再也不是城邦;若进一步趋向划一,就成为个人,再也不是家庭(我们大家都会同意:家庭比城邦划一,而个人又比家庭划一)。所以,即使能够达到这种最高一致性,也不宜付诸实行;万一实行,城邦必将荡然无存。

再者,城邦不单单是由众多的人组成,而且是由各种不同的人组成,完全一模一样的人组合起来是不会成为城邦的。城邦有别于军事联盟,后者的作用在于量的增加,即使质方面无甚差异(联盟旨在互相保护),这就像在天平这一边加砝码,天平倾向这边完全是量使然。在这方面,城邦⑤与民族也是有区别的,有些民族(如阿卡狄亚人)的族人并不散居各村落,而是同族者结成联盟,这种安排类似上述联盟⑥。真正意义上的整体不是这种组合,作为一个整体的城邦,必然由不同种类的人所组成。因此,城邦的福祉取决

---

① 指消除私心或相互倾轧以及优生学的考虑。
② 《理想国》所述的共妻制仅适用于社会的守护者阶层。见第29页脚注①。
③ 苏格拉底没有著述传世,后人皆通过柏拉图所著《对话录》来了解苏氏学说。有些学者认为柏氏有时也假借苏氏之言来宣传自己的哲学观点。
④ 亚氏把苏格拉底/柏拉图关于一致性的论点解释为数量或功能方面的一致,有些学者认为这种解释似有意忽略他们所说的一致性,更包括了见解、情感和道德标准方面的一致。
⑤ 城邦与国家同义。
⑥ 指族人增加,但没有组成任何共同体。

于所有各类组成分子是否就等值的服务进行交换。我在《伦理学》①中已确立互惠原则。就算是地位平等的自由人,他们也应当遵守这个原则②。他们全体一起同时担任公职实际上是做不到的,必须每人任职一年或者在指定期间任职。按照这种安排,结果人人都是统治者(其方式好比鞋匠和木匠彼此调换职业,同一个人并不一直当鞋匠或木匠)。

政治最好也应当这样。从治理的角度来看,如有可能,最好是同一批人长期执政。可是基于公民天生平等,这是不可能的事,^{1261b}而且让所有人都参与管理(无论从政是好事还是坏事)才是公正的。地位平等的人应当依次地交出治权——这种做法仿效③,于是有统治别人的时候,也有受人统治的时候,大家轮流地做——自身俨然不再是同一人,而且他们也轮流出任不同的职位。

综上所述,城邦显然不是某些人所说的本性上是一致的。他们所谓城邦的最高的善,实际上会造成它的毁灭。事物的"善"在于自身保全。从另一个角度来看,城邦的这种极端划一显然是不好的。家庭比个人自足,城邦又比家庭自足。城邦这个共同体是扩大到完全自足的程度后才组合而成的。如果自足是人们所企求的,那么,他们宁可要低度的一致性,而不要高度的一致性。

第3章

即使城邦实现最高一致性是极好的事,苏格拉底所谓高度一

---

① 见亚氏所著《尼各马可伦理学》第五卷。亚氏理论体系中,伦理学是政治学的基础。《尼各马可伦理学》最后一章就是《政治学》的引论。

② 等值的服务一般在不同类的组成分子之间进行交换。平等的自由人却是同一类组成分子。亚氏认为互惠原则对他们也适用,并且以担任公职一事论证这一点。

③ 学者皆认为此处原文的含义不清楚。

致性标志也是难以成立的。他认为,所有人若毫不含糊地指认同一事物既"属于我"又"不属于我",这就标志着城邦达到了最高度的一致性。① 可是,问题在于"所有(人)"一词有两种用法,即"全体(人)个别地"和"全体(人)集体地"。前一种用法接近苏格拉底想表达的意思:男人个别地称同一人为他的妻子(或他的儿子),个别地称同一件物品或者在其范围内出现的同一件东西为他的物品、他的东西。但是,当人们共有妻子和孩童的时候,他们是不会这样称谓的。人们会集体地称她是"我的妻子",他是"我的儿子",这是"我的物品""我的东西",但不会个别地称"我的妻子""我的儿子""我的物品""我的东西"。由此可见,"所有(人)"这个词在使用上犯了谬误②。"所有""两""奇""偶"这些词都有双重意义,即使在周密的推论中,由于歧义,也会导致极有争议性的结论。所以,若按"全体(人)个别地"来理解,人人都说"属于我",这种一致性固然是好事,但在实际上这是不会发生的;若按"全体(人)集体地"来理解,人人都说"属于我",这种一致性反而不利于社会和谐③。

除此以外,共有制还会造成实际损失。物品的共有人愈多,物品就愈不受重视。人们爱惜自己个人的所有物远甚于公共财物,他们只在个人利益受到影响时才会照顾公共财产。姑勿论其他,单单是认为公共财物会有别人来照顾,就会使人粗心大意(这倒像家奴的情形,有时奴仆成群,反不如少数警醒地听候吩咐)。若每个公民都有上千个儿子,可是这些儿子不是个别公民的儿子;每个公民父亲应是任何儿子的父亲,每个儿子也应是所有父亲的儿子。结果是任何父亲都不管儿子。

^{1262a}更有甚者,某人说"我的儿子"有长进或没有长进时,他是

---

① 见《理想国》第五卷,462c。
② 指歧义的谬误。
③ 亚氏在下一段落提供了解释。

政治学 27

以千分之一的父亲身份发言。同一孩童是"我的儿子"、某人的儿子、成千人中每个人的儿子。甚至他对此也不能肯定,因为无法确定是否有人为他生过孩子,就算生过,也不知道孩子是否存活下来。现今各城邦中惯称自己的子女为"我的",到底是这种用法适当呢,还是两千人、一万人以"我的"来称同一孩童的用法适当?依照习惯用法,一个人称之为自己儿子的某人,另一人称之为亲兄弟,而第三人称之为堂(表)兄弟,或者依血缘或姻亲关系认作亲戚,或者亲戚的亲戚,还有些人称之为同宗或同族。当某人真正的堂表兄弟,总比当柏拉图式的儿子强一些吧!

此外,实际上谁也不能防止人们会彼此相认,像同胞手足、父母子女等,因为子女肖父母,必可从容貌、体型发现彼此间的关系。这方面确有其事,有旅行家记载,利比亚的一些部落行共妻制,但他们经常能凭孩童的容貌辨认谁是其生父。有些女人和雌性动物(如牝马和牛)有一种强烈的自然倾向,即所生的下一代酷肖其父。法尔萨利亚扎种的牝马称为"合算的牝马"①就是一个好例子。

第4章

妻儿共有制还涉及其他困难,提倡共有制的人未必能够防患于未然。举例来说,殴打、杀害(蓄意或意外)、吵闹和诽谤等行为,如果受害者是父母和近亲,可谓伤天害理的罪行;但受害者如非亲属,则是情节轻重不等的罪行。此外,如果全然不知对方是亲戚,发生这类行为的可能性相对来说也会大一些。再者,一旦犯下罪行,知道受害者是亲戚的人可依习俗赎罪,但不知者就不能这样去做了。令人不解的是,柏拉图既然主张城邦内的孩童是年长公民

---

① 法尔萨利亚扎种牝马产下的小驹必酷肖公马,这对公马来说,十分合算,故名。

共有的儿子,年长者与年轻的男性情人禁止性交,但又容许他们亲昵和维持情人关系——这种关系本身就是不正当的。由于不知对方是不是亲戚,亲昵行为或许会发生,而父子、兄弟之间有这种行为更是下流。同样令人费解的是,柏拉图禁止男性情人性交,其理由是欢愉得过火;但父子、兄弟之间发生情人关系,对柏拉图来说,竟然不重要。

妻儿共有制似更适合于受统治的农民,而不适合居统治地位的守护者阶层。^{1262b}如果农民的妻儿共有,彼此间的爱会淡薄一些;被统治者彼此间的情感纽带变薄弱,对主人便会更顺从,也不会有谋反的企图。换句话说,苏格拉底提议的制度既不能产生妥善法律应有的后果,也不能达到妻儿共有制的本来目的。我们认为友爱乃是城邦主要的善,因为它对消除内乱威胁起极其重要的作用,而全体(和谐)一致出于友爱(人们一般都如此认为,苏格拉底自己也这样说过)。可是,他称颂的一致性很像《会饮篇》记载的情人的追求。根据阿里斯多芬的描述,炽热的爱恋使情人恨不得融为一体,那么,不是一方完全消失,便是双方同时消失,化为新的实体。但在实行妻儿共有制的城邦中,爱不可避免地变得淡薄,父亲懒得称呼"我的儿子",儿子也几乎不会呼唤"我的父亲"。就像一小杯甜酒掺了大量清水变得淡而无味,亲属称谓徒具虚名而已。所谓父亲并没有义务把所谓儿子当作儿子看待,儿子对待所谓父亲或者所谓兄弟也是如此。驱使人们照顾和关爱事物的要素有二:其一,这是个人所有的;其二,这是个人所珍惜的。但在妻儿共有的城邦中,这两个要素都不复存在。

再者,婴儿的转移(即把农民和技工阶层的婴儿转移至守护者阶层,又把守护者阶层的婴儿转移至农民和技工阶层)①是极难处

---

① 见《理想国》,415b。社会分三个阶层:Ⅰ.统治者或议事;Ⅱ.助理(包括武士);Ⅲ.农民和技工等。前两个阶层统称守护者阶层。

理的。给予者和转移者当然都知道他们所给予和所转移的是谁，同时又交给了谁。但这种转移会大大增加前文所述的殴打、杀害、非法恋爱等事情，这是因为在转移之后，人们就不再称原阶层的人为兄弟、子女、父母，不会碍于血缘关系有所顾忌而不敢犯罪了。

妻儿共有制问题的探讨至此结束。

第5章

让我们进而探讨财产制度问题：理想城邦的公民是否应当财产共有？这个问题可以单独讨论，不必牵涉妻儿共有制问题。[1263a]即使假定妇女和儿童属于个人（当前各地的习俗如此），财产问题仍需加以研究。财产应当共有共享吗？这方面有三种可能性：（1）土地划归私有，作物收成集中起来由集体享用（一些民族部落的现行制度）；（2）土地公有，集体耕作，收成分配给个人享用（某些外邦现行的财产共有方式）；（3）土地和作物收成归公，集体所有，共同享用。

如果土地耕作者并非土地所有者，情形有所不同，而且易于处理；但倘若耕作者也是所有者，财产问题将引起重大纠纷。如果劳动和所得分配不均，多劳少获者对少劳多获者必然感到不满。人们生活在一起，一切活动与共，相安无事本来就不易，如果财产共有，情形尤甚。在这方面，组团旅行就是一个很好的例子。他们常常因旅程细节而吵闹，为日常事务发生争执。家庭内的情形也是如此，我们使唤得最多的仆人往往最易惹恼我们。

这只是财产共有制中的一些困难。现行制度倘使能够通过习俗和立法来改进，要比共有制好得多，这样就可兼共有制和私有制两者之长。在某个范围内，财产应当共有，但财产私有应当是一般性原则。如果照顾财物的责任由众人分担，彼此就不会交相指责——大家忙于照顾自己名下的财物，整体情况反而有所改善。

谚语曰:"朋友间有物共享。"个人有善德,就会让他人共用物品。目前有些城邦甚至已出现这种制度的雏形(说明这种制度并非不可行),特别是一些管理井然有序的城邦,这种制度已在某个程度上得到施行,有可能会进一步扩展。虽然个人拥有私人物品,但他可让朋友共用,也可共用朋友的物品。举例说,斯巴达人可把别人的奴隶、马匹、狗犬等当作自家的奴隶、犬马使用;在旅途中缺粮时,可在乡间他人庄园自行取食。由是观之,物品私有,但让他人共用的做法是可取的,而立法者的特殊责任就是培育公民对他人抱有善意。

除此以外,拥有一件物品的感觉令人格外愉悦。爱自己是人人都有的感觉,^{1263b}这种感觉是天生的,自然有其目的。自私固然应当受谴责,但受责难与其说是对自己的爱,毋宁说是过分地爱自己——就像守财奴爱钱一般,因为爱自己、爱财产等等几乎是普遍的现象。再者,乐善好施给人带来极大的快乐,而这种快乐只有在财产私有的条件下才有可能产生,在城邦过分划一的情形下①就不可能有这些好处。同时另外两类德行也会荡然无存:一类是自我克制肉欲(克制自己不与别人妻子有染是高尚的行为),另外一类是疏财仗义。在所有财物共有的制度下,再也没有慷慨大方之人,或者乐善好施之事,因为这些都是以私有财物的使用为前提的。

像柏拉图提议的法律,表面上十分吸引人,可谓良法美意。闻者不胜雀跃,以为人与人之间将充满友爱之情——尤其是听到有人起来指责:财产私有是各城邦现有百般罪恶(违反契约的诉讼、做伪证、谄媚富豪等等)的根源,然而,这些恶行是出于人性中的恶,而不是因为没有施行财产共有制度。实际上,我们观察到,人们在财产公有时发生纠纷比财产私有时频繁得多。目前,财产共

---

① 指财产和妻子共有。

有制度下的人数有限,财产私有制度下的人数众多,但从比例上说,前者的纠纷比后者多。

再者,我们不能只计算财产共有制度之下公民可免除的某些罪恶,还得估算他们可能失去的好处。在那样的社会中,他们过的简直是一种不可能的生活方式。柏拉图的缺失在于:基本假定有误。无论是家庭还是城邦,在某种程度上确实有必要划一。但是,没有整体划一的必要。城邦趋向划一,到了某个地步,再也不成为城邦。未到这个地步以前,城邦仍为城邦,不过本质消失殆尽,沦为最低劣的城邦。这就像在音乐方面,和声变为同音,节奏变成单拍。我以前说过,城邦是由各类的人组成的,唯有通过教育,才能成为一个共同体,实现划一。柏拉图向来相信理想城邦通过教育制度可实现德性,而且也打算建立教育制度。不可思议的是,他竟然不通过哲学①或者习俗和法律,而是凭借"财产共有制度"法规的建立来推行(就像斯巴达和克里特奉行集体食堂法规一般)。[1264a]此外,我们也不应当忽略实际经验的教训。这种政体②如果确实优越,经历悠久的岁月,必定有人知晓——因为差不多关于政体的所有一切都已发现,尽管已发现的仍未全部编纂,有些也从未付诸实践。这种形式的政体倘若真正组建起来,将显示出我们论证的正确性。这种政体必须把组成分子加以区别和配属:一些配属于集体食堂,一些配属于氏族和部落。柏拉图的新法规最终就是守护者阶层不准从事农耕而已——这不正是斯巴达人目前施行的法规吗?

柏拉图所提倡的政体,没有明确各组成分子的地位——这本身确实不是容易决定的事。不属于守护者阶层的公民占大多数,但对于这些人,柏拉图未曾做出任何规定。第一个选择是,农夫是否也应财产共有呢?抑或每个人应有私产?他们的妻子儿女应当

---

① 指广义的哲学。
② 指柏拉图提倡的政体。

属于个人还是集体所有?如果像守护者一样,农夫一切共有,那么,农夫与守护者的区别在哪里?农夫接受政府统治会得到一些什么好处?有什么东西会使他们甘心接受统治(除非采取类似克里特人的政策:奴隶享有主人的一般特权,只禁止体育锻炼和拥有武器)?第二个选择是,如果农夫的婚姻和财产有如当前大多数城邦的情况,这个共同体将具有什么形式?同一城邦之内不可避免地存在两个城邦①,而且彼此敌对——守护者变成占领军之类,而农夫、技工和其他人则是普通公民。倘若如此,争执、诉讼以及柏拉图所谓的当前其他城邦的罪恶,也会同样地存在于守护者和普通公民之间。他说过,公民在良好的教化下,许多法则(例如市政法、市场条例等)都不再需要了,但他规定只准守护者阶层接受教育;他又规定,农夫若是缴纳赋税便能拥有土地。这样的话,他们会比斯巴达的赫洛特、帖撒利亚的卑奈斯太或者其他城邦的奴隶更难驾驭,而且会妄自尊大。此外,农夫是否应当同守护者平等地生活在妻子儿女共有的制度之下,抑或在一个不同的制度之下,柏拉图对此未有明确论述。他也没有阐明下列相关问题:农夫在政体中的地位、其教育以及所遵循法律的性质。如要维护守护者阶层的原来生活,将如何组成农夫阶层——这个问题相当重要,从柏拉图的倡议却很难看出什么端倪。1264b第三个选择是,农夫实行妻子共有、财产私有制。于是男人务农,但谁来料理家务呢?第一个选择也有同样的问题:如果财产和妻子都是共有,家务责任落在谁身上呢?此外,柏拉图以人的世界比拟动物的世界,借此证明女人应学做男人所做的事。这个论点十分离奇,因为动物根本就不需要料理家务。

柏拉图提议的政体还带有危险性:他让同一人一直统治。这

---

① 城邦即国家,亦译作同一个国家之内存在两个国家。见《理想国》第四卷,422F。

种制度会引起一般人的不满与不和,雄赳赳的武士更不在话下。在他来说,必须让一些人做长期统治者的理由十分明显:神用黄金铸造人的灵魂,并非此时在一人体内,彼时在另一人体内,而是自始至终在同一人体内。所以他说过:神造人时用黄金铸造一些人;用白银铸造另外一些人;用铜铁铸造其余的人,即技工和农夫。再者,柏拉图不惜剥夺了守护者的幸福①,主张立法者应当为整个城邦谋幸福。②

但是,如果整个城邦的大多数人或所有人或者某些人感到不幸福,整体城邦就不可能有幸福可言。幸福异于数字中的偶数——偶数的性质存在于整体,而不存在于部分(不存在于两个部分中的任一部分),但幸福的性质却非如此。倘使守护者感到不幸福,城邦中哪些组成分子会感到幸福?绝不会是技工或者广大的群众。

我们的结论是:柏拉图的《理想国》有上述种种难以克服的困难,在其他方面也有一些困难,而且也不易克服。

第6章

柏拉图的后期著作《法律篇》也有同样或类似的困难,因此需扼要地评论《法律篇》所提倡的政体。在《理想国》中,柏拉图试图解决的只是几个问题而已(妻子儿女共有制、财产共有制和国家政体)。他把城邦人口分为两类:农夫和武士。而武士之中,再分出一批议事和统治者。但是,对于农夫(和技工)可否出任公职,可否参军和携带武器,并无明确规定。他的确说过妇女应当接受守护者的教育,并且与他们并肩作战。③《理想国》的其余章节不

---

① 或译"快乐"。
② 见《理想图》第四卷,419 起。
③ 见《理想国》第五卷,451D 起。

再涉及主题,拉拉杂杂谈了一大堆其他事情,并且讨论了守护者的教育。

1265a《法律篇》用大部分篇幅来谈"法律",很少涉及政体。尽管柏拉图说过他想创建一种当前的城邦也可实行的政体,但是他逐渐又绕回到其他类型的政体(《理想国》中所述的政体)。在他提议的两种政体中,除了妻子和财产共有问题以外,其余都是相同的:相同的教育,公民都不事赋役,都实行集体食堂制。《法律篇》所述政体与《理想国》所述政体的唯一差别就是妇女也实行集体食堂制,同时武士人数从 1 000 人增为 5 000 人。

柏拉图的《对话录》中各篇都是见解不凡、发人深省之作,但不能说他的论点全都是对的。就 5 000 人来说,如此众多之数需要土地偌大如巴比伦者或者一片辽阔无际的地域(供养 5 000 名闲着不做事的人,再加人数多倍的妇女和仆从,真需要这么大的地方不可)。我们在思忖理想情景时,会随心所欲地做出假定,但完全不可能的事,还是不能随便假定。

《法律篇》指出,立法者应当考虑到两个要素①:城邦的领土和领土的居民。但需要考虑的还有第三个要素,如果城邦要过政治生活②,不自我孤立,立法者就不能不注意与邻邦的关系。例如,城邦的武力军备不但必须在境内可用,而且必须也可用于境外。即使不接受个人或城邦的此一生活方式,城邦也必须拥有足够的军事力量,攻守进退须使敌国有所畏惧。

此外,还应当考虑财产数量的问题,能否另行订出一个更明确的数额? 柏拉图在《法律篇》中说财产数量应以足够"过有节制的生活为度",俨然说"以足够过好的生活为度"。首先,这个说法太笼统了。其次,有人过着有节制但却是衣食粗陋的寒碜生活。一

---

① 见《法律篇》第四卷,704 起。
② 指同其他国家有交往。

个比较好的定义是:"以足够过有节制而宽裕的生活为度。"如果两者不相结合,宽裕而无节制则流于奢侈,有节制而不宽裕则陷于穷困。一个人不能温和地或者勇毅地使用财产,但可慷慨而有度地使用财产。因此,唯有节制和宽裕才是使用财产最合宜的品性。对财产的使用产生影响的也必然是这两种品性。

令人费解的是,柏拉图主张把各块面积大小相等的土地分与公民,但不限制居住在每块土地上的公民人数。他不限制公民的生育,认为既然有些人不育,就算其他人生育率偏高,总体生育率也趋于平衡,恰恰能维持现有人口数量,因为他观察到某些城邦的实际情况确实如此。[1265b]可是,对此必须倍加留意。照我们的情况来说,财产会分配给公民,不管公民的人数多寡,无人生活物资匮乏。但是,《法律篇》中规定财产不可分,超额人数(不论多寡)什么都分不到。往深一层想,限制人口似比限制财产更有必要。通过计算儿童夭折率和已婚妇女的不孕率可确定人口限额。当今的城邦大多数对这个问题不闻不问,于是人口过多不可避免地造成社会贫穷,而贫穷又会造成社会内讧以及犯罪。科林斯人菲登是古代最早的立法者之一,他主张家庭小块土地的数目与公民人数应维持等量,即使起初公民所拥有的小块土地面积大小不等。但是,《法律篇》中提倡的政策恰恰与此相反。这方面的正确政策为何,这一点容后再讨论。

《法律篇》中还有一个疏漏之处:柏拉图没有说明统治者与臣民的差别,他只是说两者的关系就像经线和纬线,但两者是用不同的羊毛捻成的。① 他允许一个人所拥有的总财产增至 5 倍,但其人所拥有的土地何以不许增加到某个程度呢? 再者,关于农舍的分配办法也是不利于家务管理的。柏拉图让每个人在其土地上两个不同

---

① 见《法律篇》第五卷,734F 起。

地点各建一栋房子,生活在两栋房子里,家务管理方面也会有困难。

《法律篇》中倡议的政体,总体来说既不是平民政体①也不是寡头政体,而是介乎两者之间的政体,通常称为"共和政体",其公民全部是有武器者。倘若柏拉图设计出这样的政体是为了大多数城邦可以马上采用,这个倡议是相当不错的。可是倘若他认为这种政体是仅次于他的理想政体②,那么他就错了:许多城邦宁可选择斯巴达形式,或者一种更接近贵族政体形式的政体。确实有些思想家认为最理想的政体是结合现有一切形式的政体,所以他们推崇斯巴达式的政体,因为它结合了寡头政体、君主政体和平民政体。国王代表君主政体,长老会代表寡头政体,监察官则代表平民政体(因为监察官是从人民中选举出来的)。另外一些思想家却认为监察会议代表僭主政体,而斯巴达的集体食堂和日常生活习俗反映了平民政体的要素。[1266a]《法律篇》中主张最优良的政体是由平民政体和寡头政体结合而成的,但这两者根本就不算政体,如果视作政体,则是最坏的政体。能够包含更多要素的政体将是更佳的政体,所以把多种形式的政体结合起来总是不错的。

《法律篇》中倡议的政体实际上不包含君主政体的要素,它只包含寡头政体和平民政体的要素,同时倾向于寡头政体,其行政官员的任命方式就反映出这一点——尽管是先行选出一大批人,再通过抽签委任行政官员,但这一点确实做到了把平民政体要素和寡头政体要素相结合。但是,强制富人出席公民大会投票选举行政官员,履行其他政治职务,而其他人则悉听其便;试图让行政官员的职位由更多的富人担任,让最富有的人担任最高的职位,却实实在在反映出寡头政体的要素。议事会议的选举方式也带有寡头政体色彩。诚然,全体公民被强制参加选举——从第一等级(最富

---

① 旧译"民主政体"。
② 指柏拉图在《理想国》中所提出的。

有者)选出若干人,也从第二等级选出数目相同的人。但是,从第三和第四等级选人时,就不强制全体公民参加选举,而只强制第一和第二等级的人选出第四等级的人。① 然后从这样选出来的人员中,再分别选出各等级人员(数目相等)。结果是最富有、等级最高的人将占多数,因为平民未被强制参加选举,有许多人就不去参加投票。

以上种种考虑(在审视优良政体的性质时将提到其他考虑)足以证明柏拉图式的城邦并非平民政体和君主政体相结合。此外,关于行政官员的选举,由当选的人选举出行政官员有潜在危险。哪怕是一小撮人,只要合谋行事,就可以操纵选举。关于《法律篇》中的政体的评论至此结束。

第7章

一些哲学家和政治家,甚至普通人曾提议其他政体,而这些倡议都比柏拉图的两种政体更接近目前城邦的实际情况。其他思想家都不曾建议妻子儿女共有制或者妇女集体食堂等奇特措施,而一些立法者都以生活的必需为出发点。有些人认为,财产②的管制比其他任何问题都重要,因为它经常是社会动乱的根源。卡耳克冬的费勒亚斯看出这个危险性,首先提议城邦所有公民拥有面积相等的土地。1266b 对于这个提议,他认为在刚开拓的地方实施不会遇到什么困难,但在已存在的城邦中,要推行殊非易事。而达到这个目的之捷径就是办婚事时富人以土地为嫁妆,但不收土地为彩礼,穷人则收土地为嫁妆,不以土地为彩礼。

柏拉图的《法律篇》认为应当容许财产③的累积,但如前文所

---

① 见《法律篇》,756。
② 指土地。
③ 指土地。

述，所拥有的土地不得超过任何公民所拥有的最小块土地的五倍①。

可是，这些法律创立者常常忘记在限制土地数量的同时，也应限制孩童的人数。如果在某块土地上要供养的孩童过多，就不能不废除这条法律。姑且不论法律的废除，一大批人从富变贫总是憾事，而生活遭此巨变的人难免会兴风作浪，甚至造反。过去有些立法者显然明白，平均财产会对政治共同体造成影响。梭伦等人制定法规，限制个人拥有土地的面积；有些城邦则立法禁止土地买卖（例如，罗克里的法律规定：除非能证明个人遭遇重大不幸，否则不准出卖土地）。还有某些城邦（例如，琉卡斯岛）的法律规定：公民必须保留原来的土地。但琉卡斯岛漠视此项法规，以致该城邦的政体过于平民化，一些被委任公职者所拥有的土地面积达不到最低标准。平均财产是可能做到的，不过财产数量也许过多（造成奢侈）或者过少（造成贫困）。所以单单是平均财产还是行不通，有必要订出适中的数额。可是，即使每个人分得适中的数额，问题还没有完全解决：在此之前必须使各个人的欲望都差不多，而这一点有赖法律的教化来实现。费勒亚斯也许会反驳说，这正是我的意思，城邦不仅应当平均财产，而且应当划一教育。然而，所谓划一教育的性质是什么？单单是划一教育是不够的，教育可能做到"划一"，但所培育出来的人却追逐名利，那就于事无补。再者，财产不均固然造成社会内讧，名位差异也会引起社会纷争。普遍的现象是，一般人为财富不均发生争执，地位高者则因名位高低而起冲突。^{1267a}诗人荷马说过：

　　令名无分智愚良莠②。

有些罪行是生活物资匮乏所致，费勒亚斯于是想出平均财产

---

① 见《法律篇》，第五卷，744F。
② 见《伊利亚特》，IX319。

的对策,这样就没有人因饥寒交迫而盗窃。但贫困不是犯罪的唯一根源,犯罪有时只不过是逞一时之快,满足一己欲望。人们倘若怀有生活温饱以外的欲望,有时经不起欲望的折磨,于是恣欲而为。但满足欲望不是犯罪的唯一动机,即使并无此等欲望的人,有时也会为了想享受没有痛苦伴随的快乐①而犯罪。

对于这三种心态,有什么治疗方法呢?第一种心态,找一份职业,拥有适量的财产。第二种心态,自我克制。第三种心态,要是纯粹自娱,只有从事哲学思考,因为其他快感都是要通过他人来得到的。人们犯下重大罪行不是为了满足生活所需,而是由于放纵过度。因难耐寒冷之苦而成为僭主者,旷古未有,所以刺杀僭主(而非刺杀小偷)的勇士享有殊荣。由此可见,费勒亚斯的措施只能用于防范轻微的罪行。

此外,费勒亚斯的一套措施主要旨在使城邦的内部妥善运作,立法者也应当考虑与邻邦和外邦的关系。城邦的建立必须考虑到军事力量,对这一点,他未置一词。财产不但应能供应内需,同时应足以对付外患之需。一个城邦的财产不应多到使强邻觊觎,而财产拥有者却没有足够力量击退入侵之敌;但也不能少到在同国力相当、政体相似的城邦作战时,无法维持军饷补给。费勒亚斯对此未订立任何准则,但我们应当记住:财雄则势大。城邦财产数量的最佳准则大概是:财富不足以诱惑外强进犯;外强若犯我,则纵无现有财富,外强亦必犯我。有一则史实可以为我们的论点佐证,当波斯人奥托弗拉达特准备围攻阿达留斯城时,奥托弗拉达特对他说,你得考虑这场仗要打多久,算一算花费究竟多少。"只要给我一笔财产,数目略低于这笔军费,我就立刻弃守。"他被奥托弗拉

---

① 亚氏的《尼各马可伦理学》将人分三类:追求感官快乐一类,追求名誉一类,追求思考一类。除了后者外,其他一切快乐都有痛苦伴随。例如,享受食物前的饥饿,大睡一觉前的疲倦,成名之前的煎熬,满足性欲之前的难耐等。

达特这番话打动了，于是班师回波斯，阿达留斯城宣告解围。

平均财产确实可以防止公民纷争，但总体效果毕竟有限。地位高者认为他们应占较大的份额，对均产相当不满，经常会因此反叛并且造成社会内讧。^{1267b}人是贪得无厌的，从前两个奥布罗斯①就足够打发了，但如今这已成惯例，多多益善，绝不会适可而止。欲望的本性是无止境的，大多数人只是为了满足欲望而活。改革与其从平均财产开始，倒不如从教化入手，让地位高者不想贪，地位低者不能贪。后一目标须靠压制（但不苛待）地位低者来实现。

费勒亚斯就算在均产的建议中也是语焉不详。他只提出平均土地，但财富包括奴隶、牲口、金钱和大量不动产，所有这一切都得平均，否则就应该设限额，或者全部原封不动。如果像他所提议的，所有技工将是公共奴隶，只是公民群体的附带部分，那么，他的法令只为小城邦而设。但是，法令如果规定技工为公共奴隶，应当只限于从事公共工程的技工（如厄庇丹努斯的工程，或如狄奥芬托一度倡议在雅典实施的计划）。

对费勒亚斯提倡的政体，评论如上，他立论是否中肯得当，请诸君自行判断。

第8章

米利都人尤里本的儿子希波达莫斯是第一个探讨最佳政体问题的非政治家。他本人是城邦分区的发明者、比雷埃夫斯港街道的设计者。希波达莫斯平素喜欢出风头，行为乖张，以致有些人认为他矫揉造作。他长发垂肩，佩带贵重的饰物，不分冬夏穿着质地极差的厚长袄。他还想成为自然科学家。

---

① 古希腊小银币。

希波达莫斯设计的城邦总共有10 000名公民,分为三部分:技工、农人和有武器的卫士。城邦的土地也分为祠庙、公共和私人三区:一区专供平常祭祀众神之用,二区用来供养卫士,三区则归农人所有。他还把法律分为三类,因为诉讼的案件不外乎三类:污蔑、损害和杀人。他拟建立最高上诉法院,受理当事方认为判决不公而上诉的案件,这个法院将由若干名当选的长老组成。[1268a]他认为各个法院不应以卵石投票的方式做成裁决,而是每个法官都交上一块书写板,如果他认为被告清白无罪,则不书一字;完全有罪则书所定之罪;部分有罪部分无罪,则书有保留定谳。希波达莫斯反对普通的投票方式,因为只有清白无罪或有罪两种选择,这使法官有时候不得不违背判案秉公的誓言。他还立法规定凡是公民建议的改革对城邦有利者一律予以褒奖。此外,又规定为国捐躯的公民子女由公费抚育。他假定他国从未订立此等法律,实际上目前雅典和一些城邦都有此类规定。他提出行政官员全部民选,即由上述三类公民选出,当选者负责处理公共、外侨和孤儿事务。

希波达莫斯的城邦政体最显著的特点就是上述几点,余不足论。第一点可议之处就是公民分三类。技工、农人和卫士都参与城邦事务,但农人没有武器,技工既无武器亦无土地,这两类人实际上沦为卫士阶层的奴隶。因此,他们不可能参与政府机构,将军和戍卫以及绝大部分行政长官都选自有武器者阶层。既然其他两个阶层无法参与政府机构,他们怎会诚心拥护这个政体?也许有人会反驳说,有武器者阶层在实力上压倒其他两个阶层,但是前者人数不多,所以是压不倒后者的。如果前者人数够多,那么还有必要让其他阶层参与政府机构或者拥有行政官员的任命权吗?此外,农人对城邦真的有用吗?技工必定是有用的(每个城邦都需要他们),在希波达莫斯的城邦或者其他城邦,技工都可凭技艺谋生。至于农人,如果他们确实给卫士提供粮食,把他们视为城邦的一个组成部分也许是合理的。但依照他的城邦构想,农人应当有自己的土地,从事农耕是为了个人利益。至于用来供养卫士的公共土地,如果卫士自己耕作,卫士阶层和农人就没有差别了。这不是违背了立法者的原来目的吗?倘若有些农耕者不拥有自己的土地(不属农人阶层)又不是卫士,那么,他们就成为政体以外的第四阶层,城邦各种事物都没有他们的份儿。也许有人说让耕作自己的土地的农人也耕作公地,但每个耕作者的收成不见得足够两个家庭①的口粮。为何不能^{1268b}不留公地,农人耕作私地,全体农人既获得口粮,同时又给卫士阶层提供粮食?所有这些方面究竟应如何理解?

他建议的法官判案方式也不妥善。他规定即使诉状控罪单纯,法官仍可做出有保留定谳——法官因而成为仲裁员。从仲裁角度来说,即使仲裁员人数不少,总要经过协商才做出判决。但在法院中,法官决不能这样做,甚至大多数法典明文规定法官办案不得互相通气。再者,采取有保留定谳会造成情况混乱。举例来说,一名法官判定应予赔偿损失,但赔偿额低于原告的要求。比方,原告要求赔偿20个米那②,该法官认为只应赔偿10个米那(一般来说,原告索偿较高数额,法官判予较低数额),另一法官认为应赔偿5个米那,还有一法官则认为应赔偿4个米那。做出有保留定谳的法官所订的赔偿额显然各不相同。又假如做出无保留定谳的法官判予全额赔偿,其余的法官则判不予赔偿,那么这样最终如何计算?

我们应当注意到,如果诉状本身清楚明确,那么法官从来不因完全无罪或完全有罪的定谳而违背判案秉公的誓言。例如,原告向被告索偿20个米那,判被告无罪的法官所判定的不是被告不应赔偿分文,而只是被告不应赔偿20个米那。法官倘若不认为被告

---

① 指耕作者一家和卫士一家。
② 古希腊货币单位。

应赔偿20个米那,但又判被告有罪,这样才算违背法官誓言。

对于凡是公民建议的改革对城邦有利应予褒奖的法律规定,表面看来似乎有道理,但制定这种法律是有风险的,因为它会鼓励告密甚或造成政治动乱。不过,他的建议涉及其他问题,需要另行讨论。有些思想家质疑变更一国的法律是否有利,即使新法可能胜过旧法。如果变更法律不是件好事,人们对希波达莫斯的各种提议就会有犹豫,因为人们可假借共同利益的名义提出某些颠覆政体或法律的建议。既然提到这个问题,不妨做进一步的探讨。我们说过,变法问题众说纷纭,莫衷一是——有时变更法律是合适的。其他学科的变更显然是好事,例如,医学、体育以及其他种种技术工艺都相继脱离原来的传统形式。如果说政治也是一种术,有如其他各种术一样,变更是必然的。往昔的习俗鄙陋野蛮,这说明目前的习俗已是一种进步。古希腊人刀剑不离身,他们的新娘都是用钱向别人买来的。直到今日,还可看到古代法律的一些荒谬规定。[1269a]例如,库边杀人有罪法规定,只要原告有若干名亲人出来做证,被告即判罪名成立。此外,人通常择善而从,而不是遵循陈规祖制。远古的原始人,不论是从泥土中生抑或是洪水山崩后的遗民,极可能类似今日智力普通甚至低下者(关于从泥土中生的传说即指他们智能低),所以执着于他们的一套是挺荒唐的。即使已立法律条文,也不应长期一成不变。政治同其他学科一样,不可能以文字准确地记录所有一切,制定的法律必然是通则,但行为却涉及具体情节。

上述各论点表明在某种情形下,某些时候,法律应当变更。但从另外一个角度来看,变更法律必须谨慎行事。倘若法律变更促成的改进十分有限,与其让公民养成轻率废除法律的坏习惯,倒不如保留有缺点的现有法律和政体。如果变革仅仅略有所得,但公民养成了不顺从政府的习惯就有点得不偿失。政治与艺术不能相比拟,法律变更与艺术变更迥异。法律本身没有力量使人们遵循,只能靠习惯,而习惯是长时间养成的。因此,轻率地改旧法为新法,将削弱法律的力量。即使我们同意法律应当变更,是否所有法律都变更,每个城邦的法律都变更?是否任何人都可以更改法律,抑或只有某些人才能更改?这些问题十分重要,容后讨论。以上的探讨到此结束。

第9章

关于斯巴达人和克里特人的政体,乃至所有一切政体必须从两个方面进行探讨。第一,按照理想城邦的标准来看,哪些法律是好的,哪些法律是不好的?第二,哪些法律违反了现有政体所秉承的原则和应有的方式?思想家一般认为,在治理良好的城邦中,公民应享有闲暇,不必为日常需要而操劳;然而,如何才能实现,这是颇费周章的。色萨利的奴隶经常起来反抗主人;斯巴达人的奴隶也不时造反,他们暗伺斯巴达人遭遇横祸,予以可乘之机。迄今克里特没有发生过这样的事,原因[1269b]也许是:克里特人即使相互交战,也从来不与敌方的造反奴隶结盟。这是因为他们自己也有奴隶,奴隶造反之事并不符合他们本身的利益。然而,斯巴达的四邻——阿哥斯、梅西尼亚、阿卡狄亚都是敌国,所以斯巴达的奴隶经常造反。在色萨利,奴隶当初起来反叛,原因是该国正与邻国亚细亚、佩哈毕亚以及马戈奈西亚交战。即使没有其他麻烦,如何对待或管理奴隶委实令人伤透脑筋。管束不严,他们便恣肆起来,甚至自以为同主人平等;对他们苛严,他们便会怀恨在心,伺机谋反。所以,与奴隶的关系问题一直困扰着城邦,迄今仍在谋求最佳的管理方式。

此外,斯巴达纵容妇女,这不但对城邦建立政体的目的造成妨碍,而且也损及公民的福祉。丈夫和妻子都是家庭的一部分,城邦可被视为分成男女两组人数相当的部分。凡是对妇女地位规范不当的城邦,可以说人口中有半数不受法律约束。斯巴达的情况便是如此。立法者的本旨是使城邦全体坚毅刚强,就男人来说,这个目的是达到了,但完全忽视了妇女,于是她们放荡不羁,生活奢侈。在这种城邦,极度重视财富是必然的结果,当丈夫受妻子支配时尤其如此(大多数穷兵黩武的民族都是妻子支配丈夫,但凯尔特人和少数公开允许男人同性恋的民族则属例外)。

关于阿瑞斯①和阿芙洛狄忒②结为伴侣的神话创作者颇有见地:事实显示所有好战民族都有依恋女性或男伴的倾向。斯巴达流行迷恋女性,结果是在国势鼎盛时期,许多事务都由女性来处理。但掌权者在女性的掌控之下与女性实际掌权有区别吗?结果是一样的。就刚勇来说,在日常生活中一点儿也派不上用场,唯一的用处是作战,而斯巴达妇女在这方面已造成影响,甚至危害严重。这在忒拜人入侵时表露无遗:就像其他城邦的女人一般,不仅无用,甚至自乱阵脚,大帮倒忙。斯巴达女人从一开始就放纵,其来有自;^{1270a}斯巴达人经年征战在外——他们先同阿哥斯人,后同阿卡地亚人和梅西尼亚人长期作战——一旦恢复和平,多年的戎马生涯使他们养成服从立法者的习惯(其中包含了多样德性)。至于女人,据说吕喀古斯试图使妇女受法律的约束,但她们坚拒不从,最终他只好放弃。这就是当年整个事情的原委,因此,现有政体在这方面的缺失显然是她们造成的。不过,目前我们不是想为谁开脱,而是要检视政体的对错问题。

我们曾经说过,妇女地位方面的缺失不仅是斯巴达政体本身的瑕疵,而且也助长了贪财之风。提到贪财,斯巴达财产不均问题

---

① 希腊战神。
② 希腊爱神。

也颇受批评。有些斯巴达公民拥有土地的面积愈来愈小,有些则田连阡陌,土地通过兼并逐渐集中在少数人手中,这也是斯巴达法律缺失所致。虽然立法者正确地规定不应当买卖土地,但却允许以馈赠或继承的方式让与土地——这无可避免地造成相同的后果。结果是妇女拥有全邦五分之二的土地(由于为数不少的妇女继承了土地,同时以大笔土地作嫁妆的风气相当盛行)。如果法律禁止赠送嫁妆,或者只准许赠送少量的嫁妆,情形就会好一些。目前,斯巴达人可将继承其土地的女儿送给任何他所喜欢的人;如果他没有留下遗嘱就死去,继承人可将死者的女儿送给他认为合适的人。因此,尽管斯巴达有能力维持 1 500 名骑兵和 30 000 名装甲士兵,公民人数却降至 1 000 名以下。历史证明了斯巴达土地所有制的缺点:由于人数少,一击即溃。古代君王时期曾有特准外邦人归化为公民的传统,因此即使连年征战,公民仍然有足够人数。据说斯巴达人口一度达到 10 000 人。无论这是否属实,城邦若通过均分土地的措施来维持男性人口,效果会更好些。此外,斯巴达的奖励生育规定对这个问题的纠正造成妨碍。^{1270b}立法者相信斯巴达人愈多愈好,为了鼓励公民多生育,制定了这样的法律:生有三个孩子的免除兵役,生有四个孩子的免除税捐。不过,很明显,如果公民生下若干个儿子,而土地按人头均分,许多公民无可避免地将变成穷人。

除此以外,斯巴达监察制也有弊端。监察会议①对最重要事项有决定权,而监察员是从全体公民中选出的,所以经常有一贫如洗的人出任监察员,而贫穷的监察员比较容易被收买。这一现象在历史上屡见不鲜,安德利斯事件则是晚近的例子:有些受贿的监察员全力配合,不惜危及整体城邦。由于监察会议拥有的权力极大,

---

① 监察会议的五名成员皆由公民选出,任期一年,他们是斯巴达的真正统治者,而该城邦的两名君王行世袭制。

犹如僭主一般，连君王也不得不讨好监察员，以致君权和政体一并受到破坏，贵族政体于是演变为平民政体。

监察制确实对政体起维系作用：普通人一般感到满意，因为他们有机会参与国家最高权力机构。所以，不论是立法者有远见还是出于偶然，监察制有利于城邦施政。一个政体若要维持不坠，城邦各部分必须乐于见到这个政体按目前的施政方针长期存在：君王乐见如此，因为他们享有尊荣地位；社会上层也乐见如此，因为他们有资格被选为长老（这是对其德性的尊崇）；而平民乐见如此则是因为监察员从全体公民中选出。公民均有资格被选为监察员的政策是正确的，不过目前的选举方式太过幼稚。再者，监察员拥有对重大案件做出决断的权力，但考虑到平庸的人都可能当选，因此最好是完全根据法律条文，而不是按个人的裁量来做出决定。此外，监察员的生活方式违背了斯巴达政体的精神，他们生活放任，但斯巴达对其他公民的约束却十分严酷，一些公民实在忍受不了，于是暗地里寻欢作乐。

长老会议也是有弊端的。倘若长老品行端正，受德性教育熏陶，这个机构对城邦是有利的。可是，长老终身任职，就重大事项的决断来说，这一点不无疑问（因为身体和头脑都会退化）。倘若[1271a]长老受德性教化不深，甚至立法者也不相信他们是有德之人，那就隐患重重了。据悉，有些长老在处理公共事务方面受贿徇私。因此，最好是建立长老问责制（目前他们免除问责）。也许监察会议可以对所有行政官员的行为进行监督，但这样监察会议的权力太大了，而且这也不是官员问责的应有方式。再者，斯巴达长老选举办法也太幼稚，出任这个荣誉职位的人得到处拉票也是不合适的——应由德高望重者担任长老，不管他本人想不想当长老。立法者规定，长老的职位应当采取竞选的方式，此一精神贯穿整个政体。这种规定使公民有进取心，因为无进取心的人决不会竞选长老。然而,进取心和贪财也正是世上绝大多数人蓄意犯罪的动机。

关于君主政体究竟对城邦是否有利,这留待以后讨论。但无论如何,不宜沿用世袭制,应根据个人品行予以委任。就算立法者也不假定君王必有德,因为他毕竟不相信君王德行足以服人。因此,斯巴达向来派遣君王带着政敌①出使外邦,并且一般认为分化君王②是城邦安全的政治保障。

斯巴达当初创立的集体食堂制③也有可议之处。食堂经费应拨自公共资金,一如克里特的情况,但斯巴达规定所有人都得缴费(尽管有些人家境清贫,负担不起),于是结果与立法者的原意恰恰相反。集体食堂制的本旨是平民化,但鉴于斯巴达的规则,情况适得其反:贫穷的公民几乎无法加入集体食堂,而按照传统④凡是不缴税者不得享有公民地位。

关于海军统帅的法规屡为论者诟病,而他们的论点不无道理。该法规是造成互相倾轧的根源,因为君王是军事统帅,海军统帅之职几乎是另立君王。

柏拉图的《法律篇》质疑立法者的意图不无道理。[1271b]斯巴达整个政体只看重德性之一部分(尚武精神),因为全靠它来克敌制胜。于是斯巴达人在战时能够保全国势,一旦建立帝国便开始显露败象。他们除了战斗以外,没有受过其他任何方面的训练,所以不懂得如何过和平的生活。此外,斯巴达还有一个相当严重的缺失:他们认为人生中的鸿鹄⑤是凭借勇毅而获取的,懦弱往往以失败告

---

① 指监察员。
② 斯巴达二王彼此制衡。
③ 斯巴达人称之为菲底狄亚。
④ 集体食堂的建立是为了凝聚社会和军事向心力,故强制所有成年男子参加。
⑤ 如快乐、荣誉等等。

终;可是,斯巴达人却错误地把此等鸿鹄视为比勇毅的德性本身更有价值。

斯巴达公共财务的处理也是差强人意。当该城邦不得不进行大战时,竟发现国库空虚。斯巴达公民又不按规定纳战时税捐,因为大部分土地为公民拥有,政府按土地面积征税,公民一般都不愿追究到底谁不曾缴税。由是立法者造成非但无益反而有害的结果——国穷民贪。

关于斯巴达政体的讨论至此结束,主要的缺点一如上述。

第10章

克里特政体与斯巴达政体相似,前者有些措施胜过后者,但总体来说不如后者。斯巴达政体有很大一部分可能仿照克里特政体(前人曾指出这一点①),一般来说,政体方面的规定,旧的不如新的来得周全。据传说,当吕喀古斯辞去嘉里鲁斯王的监护人的职位后,就出国去了,大部分时间住在克里特。他选择克里特是因为两国人民关系密切。吕克狄亚②人都是来自斯巴达的移民,移民来到该地,发现原住民已有一套法律——迄今该地周边住民仍旧沿用,因为他们相信这些法律是米诺斯先王③创立的。

克里特岛得天独厚,位置适中,具备称霸天下④的条件。它横亘海洋,而绝大多数希腊人都在沿海地带定居。克里特岛西端离伯罗奔尼撒不远,东端接近亚细亚的特里奥宾海岬和罗得岛。由于地理条件优越,米诺斯王建立了海洋帝国,他征服了一些邻近岛屿,把

---

① 例如《希罗多德》,I 65。
② 吕克狄亚城位于克里特岛东部内陆。
③ 米诺斯王朝存在于公元前15世纪。
④ 指希腊人的世界。

另外一些岛屿变为殖民地,曾远征西西里岛,后在加米附近去世。

克里特政体和斯巴达政体类似:两者的土地都由奴隶耕作,^{1272a}两者均实行集体食堂制(斯巴达从前称之为安得利亚,而不是菲底狄亚①,一如克里特人,这证明了这个制度源自克里特)。两者的监察制也相同:斯巴达的监察员具有与克里特行政官"科斯摩"同样的权力,只是监察员总共5名,而"科斯摩"则有10名。斯巴达的长老与克里特的长老(他们称为理事)人数相等。往昔克里特也有君王,但废除君主制以后,战时由"科斯摩"统帅。克里特全体公民像斯巴达人一样,有权出席公民大会,权力只限于批准长老和"科斯摩"的决议。

克里特集体食堂制优于斯巴达,斯巴达每个公民须付人头税——上文曾经提过,没有付税就不能行使公民的权利。克里特的制度建立在公共资金之上——公地作物和牲口以及农奴所缴纳的地租,其中一部分用于祀神和公共服务,另一部分用于集体食堂。所以全体公民——男人和妇孺都靠公共资金供养。立法者订出许多高明的办法,以确保不浪费粮食。他还鼓励男女隔离,否则会生太多的小孩,因而也鼓励男人同性恋——这究竟是好事还是坏事,容后讨论。克里特集体食堂的规定无疑胜过斯巴达的集体食堂制。"科斯摩"制度却远不及斯巴达监察员制度健全。由于平庸的克里特人也可能当选"科斯摩",监察会议的弊端在所难免,但它又不具备斯巴达制度的优点。斯巴达每个公民都有被选为监察官的资格,因此,有机会担任最高职位的普通百姓乐见政体长期存在。但"科斯摩"并非从全体公民中选出,只是从某些宗族中选出,而长老则是从"科斯摩"中选出。

前文对斯巴达政体的批评也适用于克里特。免除问责、终身

---

① 指东地中海,即爱琴海。

任职的特权太大了,处理职司事务自行裁量,没有法律条文作指引,这一切都太危险了。尽管人们不因无被选权而感到不满,但这一点也证明不了制度的健全性。"科斯摩"的职位无利可图,确实与监察官不同,前者居于岛上,几乎不受外界的诱惑。

^{1272b}克里特人纠正滥权的措施相当奇特,不像城邦政治,倒像寡头统治的任意决定。"科斯摩"不时被迫下台,背后的策划者竟然是其他"科斯摩",或者不任公职的公民;"科斯摩"任期未届满也准许辞职。所有这类事情最好是依法行事,而不是依个人的意见为准——后者绝非可靠的准则。最要不得的是,可停止"科斯摩"机构行使职能,这是权贵为了避免法律处分所惯用的手段。这说明克里特政体即使包含城邦政治的某些要素,但实际上更接近寡头政治。贵族时而与平民组成政党,时而与朋友拉帮结派,造成政府瘫痪——他们各立山头,互相倾轧。由于这种情况长期存在,社会几乎解体,国将不国,城邦岌岌可危,因为想推翻政府的人正是一批掌权者。但是,前文曾提过,克里特因其地理位置而逃过劫运:距离遥远的效果与立法驱逐外邦人①相差无几。克里特岛独处一方,这恰能说明何以其农奴从不犯上作乱,而斯巴达的奴隶经常造反。克里特人从未统治他国,直到晚近才有外邦军队入侵该岛,而克里特政治制度的弱点也因此显露。关于克里特政体的讨论至此结束。

第11章

人们认为迦太基②的政体相当不错,在某几个方面,它与其他

---

① 该法旨在防范外邦人同克里特农奴结盟,煽动后者造反,但因为克里特居大海之中,外邦人不涉足该岛,根本不用立法驱逐外人。

② 公元前9世纪腓尼基人在西地中海建立的城市,位于今日突尼斯海湾。

政体迥异，但有些方面却与斯巴达政体十分相似。克里特、斯巴达和迦太基三者的政体比较接近，它们同其他政体的差异相当大。迦太基有许多健全的规章制度，普通百姓一直忠于迦太基政体，这证明该政体的优越性。迦太基在历史上几无值得一提的动乱，也不曾出现过僭主。

　　迦太基和斯巴达两者的政体有下列相似之处：(1)迦太基同意的集体食堂相当于斯巴达的"菲底狄亚"①；(2)他们104位行政官相当于斯巴达的监察官(两者的差别在于监察官是从全体公民中选出的，而迦太基行政官是根据才德贤能选举的——这是一项进步)；(3)他们的君王和长老会议也相当于斯巴达的君王和长老会议。迦太基的君王倒不像斯巴达一般来自同一家庭，其君王也不是寻常百姓，而是选自显赫的家庭，而且不是按辈分册封的——这反映出它优于斯巴达。这些君主权力很大，^{1273a}如果本身是泛泛之辈就会造成巨大危害——从斯巴达便可见一斑。

　　迦太基政体受人非议的地方大多数与前文评论的其他政体相同。但迦太基的政体有一个特点，它基本上遵循贵族政体原则，当然也出现偏差，有时倾向平民政体，有时又倾向寡头政体。例如，如果君王和长老一致同意，他们可自由决定把哪些事项提交全民大会；否则，将由全民大会决定审议哪些事项。当君王和长老提请全民大会审议其提案时，公民不但出席聆听，而且享有最终决定权，任何人都可以反对这些提案——在其他政体中，公民不享有这项权利。迦太基这方面的制度倾向于平民政体。另一方面，主管许多重要事项的行政官五人委员会采取原有委员增选新委员的方式，由五人委员会选出百人最高会议，而且比其他行政官的任期长(因为他们在任职前或者离职后都拥有权力)，这种制度则倾向于

---

① 斯巴达人称集体食堂为菲底狄亚。

寡头政体。行政官没有薪资,不通过抽签方式选出以及其他类似规定都带有贵族政体色彩,所有法律诉讼都是由五人委员会审理(斯巴达则由不同的法庭审理不同的诉讼),这方面也显然是贵族政体的做法。迦太基偏离贵族政体,倾向寡头政体的主要表现在于:政府认为——大多数迦太基人也赞同——不单单根据才德贤能,同时也根据个人财富选出统治者。这是因为穷人不可能励精图治——他根本就没有闲暇履行职责。如果说以财富选人是寡头政体,以贤能选人是贵族政体,那么迦太基政体是第三种政治制度,在选举时兼顾这两个方面,尤其是在选举君王和将军等最高职位上。偏离贵族政体原则的做法应当视为立法者的失误,因为立法者从一开始就应当惦记着最优秀的公民应享有闲暇,不用从事低贱的工作,这不仅是出任公职期间,也包括不担任公职时的生活。如果由于闲暇问题,必须考虑到个人财富,最要不得的是城邦的最高职位——君王和将军——竟待价而沽。准许卖官鬻爵的法律就是重财富轻德性,所谓上行下效,难怪举国贪财了。当德性不受尊崇,贵族政体是无法确立的。[1273b]买官的人往往会以权谋私,捞回一票。诚实的穷人也想图利,买官的宵小不想中饱私囊岂不咄咄怪事?因此,选贤与能是绝对必要的。即使立法者不关心品行端正的人是否衣食无忧,无论如何也应确保他们在任公职期间有闲暇。

　　迦太基人认为一身兼数职是尊荣的事,看来这种想法并不可取,每人集中做一件事的效率最高。立法者应当确保各有所司,不要指派同一个人既当吹笛子的乐师,同时又当鞋匠。因此,当城邦比较大时,让许多人担任公职,更符合城邦政体和平民原则。我们曾说过,这样的安排对全体比较公平,而且每种职务都执行得更好和更快。在军事和海军部门,分配职务的好处十分明显:整个部门上下都养成行使(和接受)权威的习惯。

迦太基政体是寡头政体,但他们由于富有,同时不断把一批批的普通百姓送到城市工作,因此,尚能避免寡头政体的恶果。这是他们的万灵丹,维持国家稳定的手段。然而这方面能奏效,只是他们运气好而已,对于防范内乱,立法者责无旁贷。以目前的情形来说,假如发生事故,大多数臣民起来造反,光靠法律根本不可能平息。

名不虚传的斯巴达、克里特和迦太基的政体和性质一如所述。

第12章

在政治评论家之中,有些人从未参加任何政治活动,终生是平民身份。关于这些人的言行事迹,颇值一提的悉见前文。另外一些人则曾经从政,为本国或外邦立法。他们之中有些只是拟订法律,有些既立法又创制,例如,吕喀古斯和梭伦。我们已讨论过斯巴达政体,有些人认为梭伦是一位杰出的立法者,他解放了奴隶,限制了寡头政体的特权,将之变通为早期的平民政体。他们指出梭伦制度下的元老院代表了寡头政体,行政官选举代表了贵族政体,而法院制度代表了平民政体。事实上,[1274a]元老院和行政官选举在梭伦时代以前便存在,他只是将之保留下来,但他的确创立了由平民当陪审员的法院,早期的平民政体于是诞生。法院陪审员是以抽签方式选出的,拥有最高权力,为此梭伦受到某些人非难,说他实际剥夺了社会其他成员的权力。当法院的权力扩大,人们讨好审理员就像讨好僭主一般,旧政体逐渐变成今日的平民政体。埃菲柯特和伯利克里削弱了元老院的权力,伯利克里建立陪审员补贴制度,这样每位平民领袖先后相继地扩大平民的权力,终于形成现有政体。不过,与其说这是梭伦的本意,毋宁说是出于偶然(在波斯入侵时,普通百姓在奠定希腊霸业的海战中起了关键作用,于是不可一世,罔顾社会上层的反对,推举一些无才无德的人为领袖)。看来梭伦本人只赋予雅典人最低限度的权力——选举官员以及对官员问责的权力——这完全是必要的,否则平民就有可能被奴役,而且会敌视政府。他所任命的行政官员都是一些知名人士和富人,即来自"五百斛级"或"双牛级",或另一等级即所谓骑士级。第四等级的劳工不准担任公职。①

其他立法者包括扎琉库斯(曾为埃比哲菲里的罗克里人立法)、加隆达斯(曾为本邦卡塔那和意大利海岸及西西里岛的卡尔西迪亚人立法)。有些作家追溯历史,认为奥诺马克里托是希腊首位立法者,说他生在罗克里,但游学于克里特,精占卜之术。泰利士与他过从甚密,而吕喀古斯和扎琉库斯都是泰利士的门生,加隆达斯又从学扎琉库斯。不过,他们所说这一切似乎与年代不吻合。

此外,还有科林斯人菲洛劳斯(曾为忒拜人立法),此人是巴卡代氏族的一员,与奥林匹亚竞赛获胜者狄奥克利斯相恋,后者因惧怕生母哈尔琼妮的乱伦之恋,离开科林斯远走他乡,退隐忒拜,两人一起终老。迄今两座坟墓仍然屹立,近在一处,但一座面向科林斯,另一座则背对。据传说,这是两人刻意的安排:狄奥克利斯因往事不堪回首,不愿见到该城,但菲洛劳斯之墓则朝向故乡。此事是1274b两人定居忒拜的缘由。菲洛劳斯后为忒拜人立法,他制定了各种法规,包括忒拜人所称的"收养法"。该法为他独创,旨在限制家庭的生育人口,借以保全继承土地的数目。

加隆达斯的法典唯一特点就是对做伪证者提起诉讼。他创立揭发伪证的程序,他的法律条文之精确甚至超出当今立法者。

(法勒亚斯立法的特点是平均财产。柏拉图立法的特点包括

---

① 梭伦将全邦人民分为四等级:第一级,作物收成量每年五百斛(每斛为17公升)以上者称"五百斛级";第二级,家财足以装备一骑兵、蓄养一匹战马,称骑士级;第三级,农民畜有二牛或二马者,称"双牛级";第四级,家无恒产的劳工。

妻子、儿女和财产共有；妇女集体食堂；关于醉酒的法律——其中规定由清醒者主持饮宴；军事训练规定士兵双手并用——不应当一只手能用，另一只手不能用。)①

德拉科也留下法典，但该法典是为当时的政权编纂的，其中仅有严刑峻法值得一提。

毕塔库斯也只是立法者，不是创制者。他独创的法律是醉酒者犯法，罪加一等；他不理会醉酒者用来脱罪的百般借口，仅考虑何者对社会有利；人在酒醉时比清醒时更容易滋事，这是他处罚从严的根据。

瑞癸翁人安德罗达马斯曾为色雷斯地区的卡尔西迪亚立法，其中包括杀人论罪和妇女继承财产。不过，他没有独创的法律。

我们对现有政体和理论家构思的政体的探究至此结束。

---

① 据纽曼指出，括号内的一段是衍文，而且内容不相干。

第三卷

第1章

如果要研究各种政体的本质和属性,首先必须研究城邦的基本性质。城邦的基本性质为何?目前大家意见纷纭:有些人说公共或国家行为系城邦做出的行为,另外一些人则认为系在位的寡头或者僭主做出的行为。政治家和立法者的一切活动显然都同城邦有关,而政体是城邦居民的某种组织形式。不过,城邦是一个组合体,一如其他任何的整体,它由许多部分组成。城邦的组成部分即是公民。因此,我们必须[1275a]先研究公民的性质。谁是公民?公民的性质是什么?关于这个问题,大家意见也不一致。平民政体的公民在寡头政体中通常不算公民。

在这里我们不必考虑归化的公民或者在特殊情形下取得公民地位者。公民身份不是依据其人在某处居住,外侨和奴隶与公民住在同一处,但他们不是公民。单单是享有起诉和被诉的法律权利也不算公民,因为这些权利系依契约规定享有的。许多地方的外侨甚至不充分享有这些权利,依规定他们需要担保人,因此只在某种程度上享有权利,称他们为公民须加修饰词,就像称年纪太轻未作登记者或者年纪太老已退休者为公民,须说前者是"未成年"公民,后者是"超龄"或类似称谓(用哪个称谓无关紧要,因为意思是清楚的)的公民。被褫夺公民资格者或被放逐者被称为公民,有些人会加以质疑。不过,也可以用类似方式解决。我们寻求的是最严格意义的公民定义,不容加任何修饰词。公民的最佳定义是有权参与司法事务和担任公职。然而,有些公职有一定任期,不准连任或者须隔一段时间才能担任同一职位;有些则是终身职位,例如,陪审员和公民大会成员。也许有人会反驳说,这些人不是官员,行使这些职务不构成担任公职。然而,不称拥有城邦最大权力者为公共官员未免可笑。无论如何,称谓应当是无关紧要的;我们需要一个词涵盖陪审员和公民大会成员。为了明确起见,姑且称之为"不确定公职",而担任"不确定公职"的都是公民。这个公民定义的涵盖面最广,适用于所有通常称为公民的人。

在另一方面,我们必须记得,作为事物基础的体系,如果属于不同种类——一种属于主要的,另一种属于次要的,又一种属于派生的,等等,那么,这些事物几乎不会有什么共同点。我们见到政体有不同种类,[1275b]政体在时间上也有先后——有缺失或变异的政体必然后于理想政体(下文再解释何谓政体变异)。因此,不同种类的政体下的公民必然不一样。我们采用的公民定义对平民政体的公民最合适,但不一定适合其他政体的公民。有些城邦没有普通公民群体,也没有定期举行的公民大会,而只有临时性特别会议;案件分类审理——例如,在斯巴达,违约案件由监察官审理,对所审案件各自负责,而长老审理杀人案件,其他行政官则审理其他案件。迦太基没有采用同一方法,有些法官审理案件不分种类。我们可以对公民定义略作修正,以涵盖这些城邦,它们的陪审员和公民大会成员所担任的是确定的公职,而非"不确定公职"。对某些事项或所有事项进行审议或裁断的权利保留给这些公职人员。公民这个概念逐渐清晰起来,凡是有权参与城邦审议或司法行政者,称为该城邦的公民。一般来说,城邦是为实现生活自足而组成的公民群体。

第2章

但在实际上,公民的定义是双亲(不单单是双亲中一人)皆为公民者,有些人还追溯上两代、三代甚至更多代都应是公民。这个定义简单且实际,不过,也有人提出前三代或四代是如何成为公民的问题。勒昂提尼的高尔吉亚对此也许确实感到困惑,但也有意嘲讽。他说泥灰匠制造泥灰浆,官员制造拉里萨的公民,因为制造拉里萨是他们的本行①。其实这个问题很简单,若依上一章的公民定义,他们既然参与政府机构,就是公民——因为"双亲中一人为公民"的提法对最早的移民者或建邦者显然不适用。比较棘手的问题也许是在政体变更后公民的归化问题。例如,克勒斯泰尼在雅典驱逐了僭主,把一些外邦人和侨居当地的奴隶编入各部族。公民人数增加引起的不是"谁是真正公民"的问题,而是"他们成为公民的方式是否正当"?甚至有人可以提出:^{1276a}"以不正当的方式成为公民的人能算是公民吗?不正当的意思不就是假冒吗?"有些官员显然不配为官,我们仍称他们为官员,但不说他们配当官员——公民的情形也是如此。公民的定义是参与政府机构的人(我们说过公民可以参与审议或司法行政),因此,在政体变更后具有这种资格的人实际上的确应该称为公民。若从公平原则来说,这些人应否成为公民,则是另一个问题②,

---

① 希腊语"官员"亦作"技工"解,而"拉里萨"既可指拉里萨人,亦可指拉里萨地方制造的锅。高尔吉亚两句话均语带双关。

② 指本卷第一章开头提出的城邦的基本性质问题。这两个问题关系密切,理由如下:如果依据城邦的基本性质,城邦等同于现行政体,也即等同于掌权政府,那么掌权政府把公民群体人数扩大的行为系城邦(国家)的行为,即使日后政体形式变更,仍然具有效力。反过来说,如果依据城邦的基本性质,城邦有别于现行政体或掌权政府,则掌权政府把公民群体人数扩大的行为并非城邦(国家)的行为,在政体形式变更后,该项行为的效力有待新政府确认。

而后者与前文所提出的关系密切。

第3章

有人提出以下相关问题:在什么情况下,某项行为构成城邦行为? 或者说在什么情况下,它不构成城邦行为? 例如,城邦政体从寡头或僭主政体变成平民政体。有人主张新政府没有偿还国债的义务,理由是过去借债是僭主而不是城邦做出的行为。而且应当拒绝其他类似的履约要求,因为这些形式的政体是建立在武力之上的,并且是不以社会福祉为依归的。如果一些平民政体也是凭借武力来维持,其政府做出的行为一如寡头或僭主制度下的政府行为,也有"是否构成城邦行为"的问题。

这又引出另一个问题:我们根据什么准则来确定一个城邦已变成不同的城邦? 或者说根据什么准则来确定它是原来的城邦? 肤浅的答案是以位置和住民为准则,然而,土地和人口是可以分开的,有些人定居在一处,另外一些人定居他处。问题出于"城邦"一词有歧义①,掌握到这一点,就不会根据这样的准则看待问题。

还有人提出这样的问题:当人口聚居一地,我们根据什么准则来确定城邦的同一性? 不能以城墙为准则,因为把整个伯罗奔尼撒用一道墙围起来也是可能的②。巴比伦也许是另一个例子(据说巴比伦被占据了三天,一部分住民还不知道已被占领),凡是以民族居地为版图,而本身不是城邦的国家都属于这一类。这个问题另行讨论为宜,因为城邦规模的大小以及城邦应否由一个以上的民族组成等都是政治家必须考虑的问题。

如果一个城邦的人口不变迁,住民仍是同一民族,虽然恒有老

---

① "城邦"指城市,亦指政治共同体。
② 但不能说它是单一的城邦。

病辞世、婴孩降生,能否说这是同一城邦呢?这就像河流的流水量不断增加减少,但仍然是原来的一条河流。抑或虽然世代相接如恒,川流不息,但城邦已不再是原来的城邦?

1276b 由于城邦是一个共同体,而这个共同体的形式是公民组成的政体,当政体变成不同的政体时,城邦便不复是原来的城邦。以戏剧作比喻,合唱班既能演悲剧,也能演喜剧,尽管演出者始终是同一班人,但悲剧与喜剧性质相异。其他所有形式的共同体乃至其他所有组合体的情况也是如此。例如,同样的音符,奏的是多利亚调①还是弗利吉亚调②,乐调迥异。既然组合体的性质取决于各部分的组合方式,城邦是否同一显然主要是指政体是否同一——不论在城邦居住的是原来的一群人还是完全不同的另一群人,用它原有的称谓还是用不同的称谓。

至于一个城邦在政体变更时,拒绝履约的做法是否正当则是另一个问题。

第4章

与城邦同一性密切相关的问题是:善人的德性③和良好公民的德性是否相同?在开始讨论以前,我们对良好公民的德性必须先有一般性的认识。像我们说海员是共同体④的成员一样,公民也是共同体⑤的一员。海员的职司各不相同(有的是划桨者,有的是掌舵人,有的是瞭望员,还有诸如此类称谓的人员),关于各别职司

---

① 多利亚调雄伟庄严,令人神凝气和。
② 弗利吉亚调使听者兴奋,意乱情迷。
③ 亚氏所说的人的德性,除品德以外,还包括社会功能。
④ 指船公司。
⑤ 指政治共同体。

海员德性①的精确定义显然仅适用于所属职司的海员;不过,有一个关于海员德性的普遍定义显然适用于所有海员,因为航海安全是他们的共同目标。同理,公民的功能各不相同,但他们都有共业,即是共同体的稳定和安全。这个共同体即是城邦政体,所以公民的德性与所属政体有关。因此,如果有许多不同的政体,良好公民的德性显然不可能是单一德性(理想的德性)。但是,一个人之所以被称为善人却是因为他具备单一的理想德性。所以,这样的情况显然是可能的:某人是良好公民但并未具备善人应有的德性。

我们也可以从优良政体这个角度来探讨同一问题。如果城邦不可能完全由善人组成,唯期望每个公民把本位工作做好,因此他们必须具备德性。由于所有公民不可能完全一样②,因此良好公民的德性与善人的德性并非同一德性。^{1277a}人人都应当具备良好公民的德性(唯有如此,城邦才能建立理想政体),但是,不可能人人都具备善人的德性(除非假定在优良的城邦全体公民都必须是善人)。

再者,城邦是由不同的部分组成。生物由灵魂和躯体组成,灵魂由理性和情欲组成,家庭由夫妻组成,庄园由主人和奴隶组成。城邦也由不同的部分组成(上述各个部分和一些其他部分),因此所有公民的德性不可能相同,正如合唱团领队的德性不同于随从歌者的德性。③

综上所述,良好公民的德性一般来说不等同善人的德性,但是否在某些情况下,两者合而为一?我们说贤明的统治者品德高尚,施政明智,而参与城邦机构的公民必须明智。还有人说统治者应

---

① 亚氏所说的人的德性,除品德以外,还包括社会功能。
② 指公民的职能各不相同,各自的德性迥异。
③ 亚氏所说的人的德性,除品德以外,还包括社会功能。

当受特殊教育;君王的子嗣确实接受骑术和军事训练,欧里庇德斯①通过君王之口说出:

> 我不学雕虫小技,
>
> 但学国家之所需。

其含义是有些教育是专门为统治者而设的。如果贤明统治者的德性与善人的德性是同一的,统治者和被统治者都是公民,那么良好公民的德性与善人的德性不可能绝对同一,只在某些特殊情况下②是同一的。统治者的德性不同于公民的德性,正因为两者有别,伊阿索曾说他不当僭主时就马上感到肚子饿,意思是说他完全受不了平民生活。

在另一方面,人们颇为推崇统治能力和接受统治的能力,而受人敬重的公民德性也就是善于统治和接受统治。如果说善人的德性系关乎统治③,良好公民的德性系关乎统治和接受统治,那么善人的德性和良好公民的德性值得敬佩的程度不可能相同。有些人认为统治者和被统治者应当学习不同的知识;有些人则认为统治者和被统治者所需的知识,公民都应当学习,以便具备两方面的能力。这两种主张若加以推论……④

当主人是一种行使权威的方式,即对必要的家务工作行使权威。主人无需知道如何做家务工作,但得指使他人去做。如何实际做奴仆工作正是奴隶具备的能力(奴隶也按其工作性质分类,例如做手艺的——顾名思义,他们作业用手,技工也属于这一类)。所以,在古代^{1277b}有些国家的劳工不能参与政府机构——直到极端的平民政体出现后,他们才享有这种特权。善人、政治家和良好公

---

① 剧作家,剧中的君王谈论儿孙辈教育。
② 指公民做统治者时。
③ 意指善人具备"道德理智"的品德,具有控制(统治)情欲的能力。
④ 学者多认为此处原文有遗漏。

民学做奴仆工作是不合适的,除非偶然出于个人需要。如果他们惯于做低贱工作,主人与奴隶就不再有区别了。

还有一种权威就是对同样自由的、类似出身的人进行统治(所谓政治权威)。统治者首先必须从受统治的经验中学会如何行使政治权威,就像在当过骑兵接受骑兵司令指挥后,再当骑兵司令,在当过步兵、排长、连长,接受将军指挥后,再当将军一样。俗语说,没有被统治过,就不可能当贤明的统治者,这一点颇有道理。尽管统治者的德性不同于被统治者的德性,良好公民应具备统治和受统治的知识和能力。公民应当懂得如何以自由人的身份进行统治和接受统治——这些就是公民的德性。

好人同良好公民一样,也需要懂得如何统治和接受统治。统治所需的节制和公正不同于被统治所需的节制和公正,善人的德性包括了这两个方面,因为作为被统治的自由人,善人的德性——例如公正——不是同一种,而是不同的公正。一种公正让他能统治,另一种公正让他接受统治,就像男女的节制和勇气各不相同。男人的勇气如果同女人差不多,就会被视为懦夫;反过来说,女人讲话倘若不比有教养的男人矜持,就会被视为唠叨多言。男女在管理家庭方面的职能也是不一样的:男人的责任在于获取财物,女人的责任则是保全财物。明智是统治者独有的德性,看来其他所有德性应当是统治者和被统治者所共有。被统治者的德性不是明智,而是正确意见。打个比喻,被统治者是制笛者,统治者是吹笛之人。

上述种种厘清了善人的德性和良好公民的德性是否相同以及有何相同和有何差异。

第5章

关于公民,还有这样的问题:是否有权担任公职者才算真正的公民？抑或技工也算是公民？如果没有参与政府机构的资格也算公民，那么，并非每个公民都具备公民的德性，因为公民的德性包括了统治的能力。如果技工不是公民，他们属于社会的哪个阶层？因为他们既不是外侨，也不是外邦人，这不易作答。不过，可以说[1278a]这样的结果并不荒谬，因为奴隶或者获得自由的奴隶也都不属于上述各阶层。我们确实不把城邦必不可少的一切人等都称为公民。例如，公民的儿子虽然也是公民，但他们是不完全的公民，只有成年公民才是不折不扣的公民。在古代，某些国家的技工全是奴隶和外邦人，时至今日，技工阶层仍以奴隶和外邦人为主。最佳的城邦政体也不会准许技工成为公民——就算准许技工成为公民，前文所述的公民德性既不是每个公民能达致，也不是所有具备自由人身份的人能达致，而是只有不必做劳务的人才能达致的。做劳务的人分两大类：给个人提供服务的是奴隶，而给共同体提供服务的是技工和雇佣工人。循此思路，技工和雇佣工人的地位会更加明晰。事实上，能掌握前文的论证①就已有解答。

城邦政体有不同的形式，因此公民的种类也各不相同，尤其是处于被统治地位的公民。所以在某些政体，技工和雇佣工人是公民，但在另外一些政体，这是不可能的。例如，在所谓贵族政体中，公职是根据个人的德性和才能来分配的，而技工或雇佣工人忙于生计，根本无暇培养德性。在寡头政体中，雇佣工人不可能成为公民（因为缴纳高额地税者才有资格出任公职），但技工却有此可能，因为实际上大多数技工都相当富有。在忒拜，有法律规定出任公职者必须在过去十年不曾经商。不过，按照许多政体的法律，外邦人可归化为公民。在有些平民政体中，母亲如果是公民，所生的儿子便是公民——在许多地方，这条规则对私生子也适用。不过，让

---

① 参考第一卷第9章。

这些人成为公民是由于真正的公民人数不够,之所以制定这种法律是因为公民人数下降。所以,当公民人数增加,首先是男奴或女奴的子女便丧失成为公民的资格,然后是仅母亲一方是公民的子女丧失此资格,最后只剩下双亲皆为公民者才有此资格。

显然,公民有不同种类,出任公职享有名位者才算正式的公民。依此,荷马说某人受到的以下待遇:

> 毫无名位,有如外邦人①。

这正是因为本国人不准出任公职、享有名位也就比外邦人好不了多少。但是,有时候当事人会掩盖这样的事情,目的是为了瞒骗其他住民。

至于善人的德性与良好公民的德性是否相同的问题,综上所述,^{1278b}显然在一些国家,善人和良好公民是相同的,但在其他国家,两者却不一样。就算两者相同,公民并非人人都是善人,只有具有政治家地位的人以及曾经处理或者有能力单独或与同僚一起处理共同体事务者才是善人。

第6章

公民的定义既已确定,现可探讨政体问题。政体的形式只有一种还是多种?如果是多种,这些政体为何?一共有多少种?它们之间的差异为何?

政体是城邦各个政治机构(包括治权最高的机构)所组成的共同体。各城邦的政府都拥有最高治权,事实上,政府也就是政体本身。例如,在平民政体中,平民的治权最大;寡头政体则相反,少数人的治权最大。因此我们说两种政体不相同——同一准则也适用

---

① 见《伊利亚特》IX,648。

于其他政体。

首先,让我们确定基本的两点:国家的目的是什么?人类及所组合的共同体的统治方式有多少种?我们在本书的第一部分讨论家庭管理和主人的统治时说过,人是天生的政治动物。所以,即使在不需要互相支援的时候,人也有聚居的欲望。只要个人可分享到一些益惠,共同利益就会使他们聚集在一起,这确实是个人和国家的主要目的。但人们也纯然为生活组织起来,建立和维持各种政治共同体,因为生存本身无疑是有价值的——只要生活不至于艰辛罔极。显然,绝大多数人会含辛茹苦地活下去,这说明了生命本身给人带来自然的喜悦和某种温馨满足。

通常提到的以下各种统治方式,大家不难辨别——事实上,我们在公开课程中也曾一再给这些统治方式下定义。主人的统治:虽然天生主人和天生奴隶确实有共同利益,但是这种统治主要是为主人的利益,只是偶尔照顾到奴隶的利益(因为奴隶不存活,主人的统治也就告终)。对妻子、儿女和家庭的统治(称为家庭管理)是为被统治者的利益,或者为了统治者和被统治者双方的利益——但主要是为被统治者的利益,有如医术[1279a]、体育运动术等,要照顾的是病人和受训练者的利益。行使权威者的利益偶然也会受到照顾。例如,教练本人未尝不可以偶尔加入受锻炼群体,就像舵手始终是海员一样。教练或舵手主要考虑在他领导下的各个人的利益,但他本人成为其中一员时,偶然也分享到他们的利益。

政治职位的情况也是如此。倘若城邦是依据平等原则由相同身份的人组成,公民会认为他们应当轮流出任公职。在古代,每个人都会自然而然地轮流提供服务,出任公职,于是在任时照顾他人的利益,卸任后他人也会照顾其利益。但是在今天,由于可以从公职和公款的处理中捞到不少好处,人们恋栈官位。俨然有官职者皆为病人,只要在朝一日,身体便一日无恙。无论真相如何,他们热衷于官衔,绝不言退,真有点这样的况味。

显然,严格按照公平原则,以共同利益为依归而建立的政体才是正确的;凡是只照顾到统治者利益的政体都有缺点,是变异的政体,因为这些政体行独裁专制,而城邦则是自由人组成的共同体。

第7章

这些问题业已确定,接下来要探讨的是政体的形式有多少种?它们的内容是什么?首先,什么是正确的政体?正确的政体一经确定,各种败坏的政体也就显而易见。"政体"和"政府"所表达的意思是相同的。各个城邦的政府都拥有最高治权,而治权可握在一人或少数人或者多数人手中,因此,正确的政府是由一人或少数人或者多数人为谋共同利益实行统治。为谋取私人利益实行统治的政府,不管是一人或少数人或者多数人的利益都是变异的政府。除非我们不把城邦的某一部分(其利益未受到照顾者)称为公民,否则,作为城邦一部分的公民应当分享到政治共同体的好处。如果施政是为了谋求共同利益,统治者为一人的政府称君主政体;统治者超过一人但人数甚少的政府称为贵族政体,之所以称为贵族政体,是因为统治者是最优秀的,或者因为他们一直以城邦和公民的最大利益为依归。可是,如果许多人为了共同利益一起管理公共事务,政府就通称政体或共和政体。使用这个称谓是有原因的:一人或少数人具有崇高的品德是可能的事,但人数愈多,要求每个人在每一种德性上都达到崇高的标准,困难就愈大①——但军事德性(勇毅)是例外,^{1279b} 人数众多体现的勇气愈大。所以,在城邦政体中,军事部门拥有最高权力,而且有武器者都是公民。

---

① 统治者应当是有德之人,君主政体和贵族政体的统治者有可能达到这个标准,但城邦政体的统治者众多,这几乎是不可能的事。

上述各种政体的变异形式如下：君主政体变成僭主政体，贵族政体变成寡头政体，城邦政体变成平民政体。僭主政府仅为君王谋利益，寡头政体仅为财阀谋利益，平民政体仅为穷人谋利益，这些政体无一为全体谋共同利益。

第8章

我们应当对上述各种政体的性质做进一步的探究，因为上一章的有关论述有些地方会使人感到疑惑。倘若我们关切的仅仅是实际方面，也许他人略感疑惑亦无妨；可是，从哲学的角度来探讨问题，决不能对疑惑置之不理，而是应当细致深入地阐明真理。前文说过，僭主政体是对政治共同体实行专制统治的君主政体；寡头政治是政府为财阀所控制；平民政体与此恰恰相反，政府控制在穷人手中。首先令人感到疑惑的是政体的定义问题。我们把平民政体界定为多数人掌握国家最高权力，但我们可以设想某个城邦掌权的多数人是富人。另一方面，寡头政体一般被视为少数人掌握国家最高权力，我们也可以设想穷人的人数比富人少，但凭借优越的力量掌握了最高权力。就上述两种可能情况来说，上一章关于这些政体的定义就站不住脚了①。

也许我们可以再做这样的尝试：把财富同少数、贫穷同多数联结在一起，并且依此来命名政体，即由少数富人统治的是寡头政体，由多数穷人统治的是平民政体。但是这个定义也是有问题的，如果这个新定义涵盖了所有一切形式的寡头政体和平民政体，那么上述的两种可能情况如何称谓？

这个论证表明掌权人数的多寡——平民政体多数掌权或寡头

---

① 意指称富裕的多数掌权的政体为平民政体，或者称贫穷的少数统治富裕的多数的政体为寡头政体，未免荒谬。

政体少数掌权——只是出于偶然,原因在于世界各地总是穷人多、富人少。所以,平民政体与寡头政体的差异不是掌权人数的多寡所造成的,两者差异的真正根源是贫与富。如果政体的统治者^{1280a}是凭借财富而掌权的,那么不论统治者人数多寡,它属于寡头政体。同理,统治者若是由穷人掌权,则它属于平民政体,不管统治者人数有多少。我们说过,贫者居多,富者少,但每个人都享有自由,而财富和自由是两派争夺政权的真正理由。

第9章

我们首先确定一下关于寡头政体和平民政体的一般定义以及寡头和平民这两种政体的公平观念为何?上述两派都坚持某种公正原则,但他们的认识不充分,所以提出的公正观念不周全。例如,主张平民政体的一派认为平等①就是公正,平等确实意味着公正——但这并非对所有人而言,而是对彼此平等的人而言。主张寡头政体的一派认为不平等②就是公正,不平等确实意味着公正——但这也并非对所有人而言,只是对彼此不平等的人而言。这两派都未考虑到当事人这个因素,以致各自的判断都有很大偏差。究其原因,他们自己就是当事人,也许大多数人对涉及本身利益的事情,在判断上都有偏差。公正是相对于人而言的;而公正的分配就是分配物品的价值与接受物品的价值相符合——这一点在《伦理学》③中已阐明。两派对物品价值的平等意见一致,但对人的价值的平等却有争议。主要原因一如上述——当他们自己为当事人时,判断难免有偏差。此外,两派提出的公正观念只在一定范畴

---

① 指平等地分配公职。
② 指不平等地分配公职。
③ 见《尼各马可伦理学》第五卷,第3章。

内适用,但他们却认为具有普遍适用性:一派以为在某一方面(例如财富)与他人不平等,则在所有方面都与人不平等;另一派以为在某一方面(例如自由身份)与他人平等,则在所有方面都与人平等。但两派都未提及最重要的一点,即是人们如果纯粹为了财富聚集在一起组成共同体,那么,在共同体中享有的地位应与个人所拥有财产的份额成正比。所以,寡头政体这一派的论点是成立的——就是说如果大家合伙经营,资本为 100 米耶,只投资 1 米耶的人在分享资本或利润方面,所占份额与投资 99 米耶的人相同,那就不公正了。但是城邦的存在不仅仅是以生活为目的,而且是以优良生活①为目的(否则一群奴隶或低等动物聚集一起即为城邦;实际上这不会是城邦,因为奴隶或低等动物不享有幸福,过着不能有自由选择的生活)。城邦的存在也不是以缔结军事联盟防御侵略为目的,或者以促进贸易方便商业往来为目的。否则,图勒尼亚人和迦太基人以及所有彼此间有商业关系的人都是同一个城邦的公民了。他们彼此间确实缔结了进出口协定、防止贸易诈欺条约、共同防御联盟协议书。可是,他们不曾设立共同机构来处理此等事宜,而是各自^{1280b}设置机构,依约防止本邦公民对他邦公民造成伤害,但从来不关心如何确保他邦公民具备应有的品德,或者确保受条约管辖的公民不从事欺诈或不道德行为。要是关心政府的廉洁和效率,必然注重公民的道德问题。因此,真正的城邦②也必然鼓励公民培养德性,否则只是有名无实的城邦,只是一个联盟(联盟成员聚居在一起,不同于成员散居各地的联盟),法律也只是条约而已——套句智者学派吕科富隆的话,只是"确保互不侵犯彼此权利",而无法发挥法律作为城邦生活的规范的应有作用,使成员公正向善。

---

① 亚氏心目中的好生活包含了各种德性,故译作"优良生活"。
② 上一段指城邦的存在是以优良生活(包括体现各种德性)为目的。

显然,只有以善为目的之城邦才是真正的城邦。倘若把两个不同的城市——麦加拉城和科林斯城的城墙连接起来,光是这样它们不构成一个城邦,即使两城邦的公民有权通婚(通婚是城邦公民特有的权利之一),仍然不构成一个城邦。又假定一批人散居各处,但彼此相距不远,不妨碍彼此交流,并且订立法律,禁止商业贸易的欺诈行为,这也不构成城邦。举例来说,一个是木匠,一个是农夫,一个是鞋匠,其余的人制作其他物品,全部人数为10 000人。但是,如果这群人彼此间的联系只限于贸易和联盟,他们仍未发展到构成城邦的阶段,其原因何在?这群人虽然聚居一地,但如果仅仅到此为止——每个人仍然把自己的家庭当作城邦,大家仍然只在抵御入侵之敌时才采取互相支持的行动(俨然只是协防联盟)——换言之,这个群体在组合之前和组合之后并无差别,对于有深度的思想家来说,这仍然不算城邦。城邦显然不单单是防止彼此间不公正行为和便利交易或者位于同一地点的共同体。这些是城邦的必要前提,但是即使全部具备这些条件,还不足以构成城邦。城邦是家庭和氏族的共同体,追求优良、完美自足的生活,而这只能通过居住在同一地点的人建立共同体,彼此通婚来实现。正是因为这样的原因,城邦出现了姻亲关系、宗族关系、公共祭祀和各种消遣活动。但这一切都是友爱造就的,因为选择过社会生活乃是基于友爱。城邦的目的是优良生活,而上述种种是达成这个目的之手段。城邦是^{1281a}家庭和村落的共同体,追求完美自足的生活,依我们的定义,这是幸福高尚的生活。

我们的结论是,政治共同体的存在是为了高尚的行为,而不仅仅是为了共同的生活。因此,对共同体的贡献最大的人在参与城邦机构方面所分配到的①理应高于公民德性不及他的人——尽管

---

① 指公职(权力)和名位的分配。亚氏认为给贡献大的人分配高官职和殊荣才符合真正的公正原则。

这些人的财富可能比他多,或者在自由身份或血统上与他相等(甚至比他优越)。

综上所述,各种不同形式政体的拥护者所提出的公正观念都有偏差。

第10章

城邦的最高治权应当属于谁?属于平民大众?富人?高尚人士?最理想的统治者?或者僭主?所有这些答案都涉及一些令人不快的结果。例如,穷人仗人多势众,瓜分富人的财产——这岂不是不公正吗?有人也许会说:"神明在上,这是最高掌权者颁布的公正法令。"但是,所谓极端不公正,莫此为甚。再者,从公民全体的角度来考虑,假若大多数人瓜分了少数人的财产,他们显然破坏了城邦,但德性不会摧毁具备德性的事物,公正也不会破坏城邦,因此,这种法令显然是不公正的。否则的话,僭主的所作所为也必然公正——僭主以力压人,就像民众胁迫富人一样。是否由少数富豪来统治就是公正?假如他们做出同样的事,掠夺和充公民众的财产——这能算公正吗?如果这算公正,那么,民众掠夺富人的财产也是公正的。所以,毋庸置疑,所有这些情况既不对也不公正。

是否应当由高尚人士拥有最高治权,实行统治?倘若如此,其他所有人则被排除在外,不能享有担任公职的荣誉(如果自始至终由同一批人出任公职,其余的人必定被剥夺了任公职的权利)。要是由最理想的统治者来统治呢?这样的话,不能享有担任公职的荣誉的人数大增,寡头政体的色彩就更浓厚了。也许有人说,不管怎样,人会受到灵魂中情欲部分的影响,所以最高治权属于单独一个人而不属于法律并不是一件好事。但是,如果法律倾向寡头政体或者倾向平民政体，纵使法律是最高治权的化身，对上述种种问题也产生不了什么影响，同样的结果仍然会出现。

第11章

上述各种问题大多可留待以后讨论。至于最高治权应属于民众，而非少数精英的观点，虽说也有一些疑问，但也不是全无道理。以民众来说，他们个别人^{1281b}素质不高，但大家凑合起来，他们的素质可能超过少数精英。以公共饮宴作比喻，多人合资提供的伙食品质总比一人独自出资的高。在人多的情况下，由于各自具备德性和明智，大家凑合在一起，许多德性和明智就集于一身（仿佛众人变成一人，千手千足并具备多种感觉）。所以，大众对音乐作品和诗篇能够做出比较中肯的评价——每个人鉴赏其中不同部分，大家凑合起来就形成对整体的鉴赏。素质高者比个别民众优越。同理，一般认为相貌美者之所以比相貌平平者好看，画家的作品之所以比实物美，究其实际，就是一些分散的、单独的优点都集合在一起；但孤立地来看，某位真人的眼睛或局部容颜也许比画中人的眼睛或局部容颜更美。

许多人凑合的素质比少数精英优越的情形是否在每一批人、每一群人中都可能出现，这一点完全不能确定。也许有人会说，神明在上，对某群人来说，这种情况显然是不可能的。如果要把他们包括在内，按照同一标准，也得把兽群包括进来——从实际来说，究竟某群人与兽群的差别何在？尽管如此，某些人群中确实出现前文所述的情况。

讨论至此，已能解答上一章的问题①以及另一相关问题——自

---

① 指"最高治权属于哪一批人"。

由人,即公民群众(指既非富人,亦不具备卓越德性的人)应当对哪些事项行使治权?让他们参与政府的最高机构将冒很大风险,因为,思想愚昧就会犯错,行为不公正就会犯罪。可是,如果把他们排除在外也有风险,因为一大群穷人不享有政治名位必然会与城邦对立。唯一的因应之道是委派他们担任审议和司法行政职务。基于这个理由,梭伦①和某些立法者赋予他们选举权和向行政官问责的权利,但他们个人并无资格出任公职。当这些人聚集在一起时,他们集体的认知能力一点儿也不差——他们与社会上层人士协作,造福城邦(就像把粗粮和细粮混合,混合物的营养含量比少量的细粮高),但是,每当他们个人自行做出判断时,其决定却是有瑕疵的。

另一方面,城邦政体的这种安排也会受到质疑。首先,有人会说,想知道一名医生的诊断是否正确,最好是请教有本事给人治病的人,即那些本身是医生的人。对于其他一切行业和技术,亦复如此。[1282a]所以,医术是否高明应由医生来审查,其他所有行业也应由同业来评断业绩优劣。但医生有三类:普通医生、名医和受过医学通识教育的人(差不多各行各业都有这一等人,他们具有一定的判断能力,我们信任他们不亚于信任专业人士)。

其次,在官员选举方面似乎也是这样。唯有谙熟政治的人才能做出正确的选择,这好比懂得测量学的人会选中专精的测量师,懂得航海的人会选中好舵手一般。即使在某些行业,外行人士在任命方面也有发言权,只是他们的意见不如专家意见那么有分量。因此,按照这个论点,不应当把官员选举和向官员问责的事交托给民众。然而,前文指出,这种看法不见得有充分依据:如果民众有一定的操守,尽管他们个别判断能力比不上专家,但整体来说,判

---

① 见第二卷第12章。

断力不亚于专家,甚至有时还胜过专家。

此外,在有些技术行业,技艺者自己不一定是最好的评断者,也不是唯一的评断者,不谙此术的人也能判断制成品的好坏。例如,不单单是建筑师懂得房屋,同建筑师相比,房屋住客或房屋主人实际上能做出更中肯的评断,正如舵手比木匠更清楚木舵的好坏,食客比厨师更知菜肴滋味是否可口。

对前述的质疑已充分解答。不过,还有一个相关的疑问:在重要事项上,素质低的人比素质高的人拥有更大的权力,这一点未免有些荒唐,何况行政官选举和向他们问责是何等重大的事。我们曾经说过,某些城邦政体确实委托民众这样做,因为公民大会是负责审议所有重要事项的最高权力机构。出任城邦的高官职,例如,财政官员和将军,在贡赋方面必须达到很高数额;然而,公民不限年龄,只要缴纳微薄贡赋,就能出席大会,进行审议和参与决断。我们可以用同一方式解答这个疑问,而目前平民政体的做法也许是对的。最高权力其实不属于陪审员、议事或者公民大会成员,而是属于法院、议事会和公民大会,前述的个人——议事、大会成员、陪审员——只不过是其中的部分或者成员而已。民众对重要事项拥有最高治权,因为公民大会、议事会和法院都是由许多成员组成的,而这些成员缴纳的贡赋总额大于行政高官个别缴纳的数额或几位高官合在一起的数额。这些问题的讨论到此为止。[1282b]让我们回到第一个问题:应当由拥有专门知识的人抑或具有一般常识的人行使最高治权?结论已十分清楚:正确制定的法律的权力是最高的,由于任何通则都不能涵盖所有具体情况,对法律没有明文规定的事项,行政官拥有最高权力。不过,迄今我们尚未确定正确制定的法律的特性为何,所以一开始提出的法律的偏向性问题并未解决。良法还是恶法、公正抑或不公正必然因城邦政体的不同而异。然而,很明显的,法律的制定必然配合政体的需要。倘若如此，与正确形式的政体相一致的法律必然是公正的，与变异形式的政体相一致的法律必然是不公正的。

第12章

一切科学和技术都是以某种善为目的的。政治学是所有科学和技术中权威性最高的，其目的是最高的善，也是人们最企求的善。在政治的范畴内，善就是公正，而公正意指共同利益。所有人都认为公正就是某种平等，在某种程度上，他们同意我在伦理学①中关于公正的论述：他们也认为所谓公正是相对于某些人而言的公正，而且在彼此平等的人之间应当平等。但是，不应忽略以下的问题：平等是指哪些方面？不平等又是指哪些方面？这是一个难题，需要由政治学来解答。

也许有人说，城邦的官职应当依照公民具备德性（不论何种德性）的优越程度做不平等分配（即使该人与城邦其他公民在其他所有方面毫无差别），理由是在优良素质方面有差别，公民享有的权利和所得奖赏就应当不一样。但是，假设这个观点成立，那么，肤色或身材或其他优良素质方面比较优越的人就享有更大的政治权利。这不显然是错误的吗？我们可用其他科学和技术的实例来阐明这一点。如果一队笛师彼此的艺技不相伯仲，那么不能因为有些笛师出身高贵，便把最好的笛管分给他们，因为即使他们拿到最好的笛管也不会吹奏得更出色，最好的笛管应当留给艺高的笛师使用。如果我们的意思还不够明确，那么深入地讲就会更加清楚。设想艺高的笛师的相貌和出身都远不如人——假设与笛艺相比，相貌和出身是更优的素质，而且相貌和出身优于笛艺的程度，超出

---

① 见《尼各马可伦理学》第五卷第3章。

了艺高笛师的笛艺优于其他笛师的笛艺的程度——最好的笛管还是应当给予艺高笛师(^{1283a}除非出身或财富优越对演艺有帮助,但事实并非如此)。此外,按照这套理论,一切优良素质可相比较。因为倘若凭身高可以要求更大的权利,那么,身高、财富或自由人身份一般都可比较孰优孰劣了。所以,如果接受此人在身高方面的优越程度高于另一人在品德方面的优越程度(一般来说,身材优越比品德的优越显著)的说法,一切优良素质都可相比较。因为如果说高度方面的质优于品德方面的质,显然有些质是相等的。但是,由于不可能做这样的比较,在政治事务上,公民不可以各种各样的不平等为由要求出任公职。这一点是颇有道理的——倘若一批人跑得快,另一批人跑得慢,这不能构成前一批人享有较多权利,后一批人享有较少权利的理由,而只能是前一批人在体育竞技中受嘉赏的理由。出任公职的权利要求应当基于个人对城邦赖以建立的条件所做的贡献。所以,出身高贵者、自由人和富人要求分享公职的荣誉是有理由的。担任公职者必须是自由人,并且缴纳贡赋——城邦既不可能完全由穷人组成,亦不可能完全由奴隶组成。不过,有一点必须补充,如果说财富和自由人身份是必要条件,公正和勇气①也同样是必要的。唯一的差别是前两者对城邦的存在不可或缺,而后两者则是城邦优良生活必不可少的。

第13章

考虑到对城邦存在的贡献,依据上述所有②(至少其中一些)因素,要求分享公职荣誉的做法是正当的,但若考虑到城邦的优良生活,那么让我重复一遍,教育和德性是最重大的依据。我们已确立

---

① 指作战勇敢,是德性的一种。
② 指财富、出身、贤明等。

这样的原则:仅在某一方面平等的公民不应该享有各个方面的平等①,仅在某一方面优越的公民不应要求在各个方面占居优越地位②。所以,凡是违背这项原则的城邦政体必然是变异政体。前文曾指出,提出权利要求者,在某种意义上有其正当依据,但没有一项权利要求的依据是绝对正当的。富人的依据是他们拥有较多土地,而土地是城邦的共同利益,除此以外,他们通常会履行契约。自由人的依据与出身高贵者相同,因为这两类人关系密切(与出身较差者相比,出身较好者更有资格当公民,出身高贵者在本国备受尊重)。此外,父母优秀,其子女往往也优秀,因为出身好意味着优种。德性也是正当依据——我们认为公正是一种社会德性,其他所有德性都附丽于它。再者,多数人群体极力主张他们的依据胜过少数人群体的依据,因为作为一个集体,他们比少数群体更强、更富有和更优秀。

1283b 假定所有这些人——贤良之士、富人和出身高贵者以及一群公民——都生活在同一城邦,关于应由谁来统治的问题会引起争议吗?在上述每种政体,关于应由谁统治的决定是毫无争议的(这些政体的差别就是执政集团不同:一个政体由富人掌权,另一个政体由贤良之士掌权,等等)。但当所有这些分子都生活在一个城邦时就会出现争议。倘若贤良之士人数非常少,我们如何决定他们要求掌权执政的依据是否正当?我们也许应当仅从职责的履行来考虑,询问到底是他们人数足以组成城邦,还是他们有能力处理城邦事务③。有争议性的不仅仅是贤良之士要求享有最高治权

---

① 平民政体主张仅在某一方面平等的公民应该享有各个方面的平等。
② 寡头政体主张仅在某一方面优越的公民在各个方面均应享有优越地位。
③ 亚氏反诘地指出,贤良之士的依据是素质(治国能力)而非数量(因为人数非常少)。既然依据能力,若贤良之士仅一人,结论将是由一人治国——这是非常有争议性的。

的依据——富人、出身高贵者等等在这方面提出的依据也有很大的争议性。少数人依据财富或者出身要求掌权执政,其正当性受到质疑。道理很浅显:如果有人的财富比其他所有人的总和还要多,依此理论,他对全体人实行统治显然是对的。同理,出身贵胄者对其他所有自由人实行统治也是合理的。贵族政体也有同样的问题:如果有一个人的德性高于其他有德之人,按照这个公正原则,他应当是最高统治者。另外,民众由于比少数人强,享有最高治权,如果有一个人(或者多于一人,但不是多数)比多数人强,则统治者理所当然是他(或他们),而不是多数人了。上述种种考虑揭示了财富、出身、德性、人数等都不能作为统治其他所有人的依据。确实,对凭借德性或财富要求享有最高治权者,民众大可反诘:作为一个集体(非个别),民众往往比少数人更具备德性和更富有。

以下的问题也可以用同一方式解答。设想民众集体确实优于少数人,那么,立法者如果想制定最公正的法律,应以优越者抑或以民众的利益为依归。我们的答案是,公正应当理解为一视同仁,而一视同仁就是合乎整个城邦的利益和公民的共同利益。公民轮流参与统治和接受统治。[1284a]公民因城邦政体而异,但在最佳政体中,他有能力和意愿参与统治和接受统治,以期过着德性的生活。

但是,如果有一个人(或者多于一个,但人数不足以组成城邦)品行卓越,论德性和施政能力,他人皆不能望其项背,他(或这些人)是不能被视作城邦的一部分的,因为他在德性和施政能力方面,与他人有天壤之别,若视作与他人平等,未免辱没了他(们),这种人自是人群中的神祇。很明显的,法律只应适用于出身和能力类似的人,但对上述这种人,无从制定适用的法律——就他们来说,本身就是法律。试图给他们立法是愚蠢的,他们可能引用安提斯赛尼的一则寓言中雄狮的话来反诘。① 由于这个缘故,平民政体建立了放逐制度。平民政体以实现平等为首要目标,所以凡是凭借财富、人脉关系或其他形式的政治影响力而权倾朝野的人物,都予以放逐。据神话传说,"阿耳戈号"水手不肯带赫拉克勒斯出海也是出于这种原因,"阿耳戈号"不要装载赫拉克勒斯这大个子(他的个子要比其他水手高得多)。所以,僭政的批评者竟连伯里安德对斯拉苏布罗②的劝告也加以批评,确实有欠公允(据传说,当使者请伯里安德谏言时,他一言不发,只是把黍田中长得过高的黍穗扯掉,直到黍田一片齐平为止。使者不明其意,据实回报斯拉苏布罗,后者领悟到必须把杰出的公民消灭掉),因为这种政策不仅对僭主有利,也不单单是僭主实行这种政策,寡头政体和平民政体也施行,放逐制度所起的作用相当于把有非凡影响力者剪除。势力鼎盛的国家对其他国家和民族也采取这类政策。例如,雅典人即这样对付萨莫斯人、凯俐斯人和累斯博人,雅典一旦建立霸权,即欺凌他邦,践踏盟约。1284b波斯国王也几次流放米地亚人、巴比伦人以及波斯疆域内那些缅怀往昔霸业图谋复国的诸民族。所有一切政体都有这类问题,包括正确政体在内——变异政体这样做,因为它们关心的是私人的利益,然而以共同利益为目的政体亦复如此。

在科学和技术中也可以观察到同样的情况:画家绘人像,不会配上一只不符比例的大脚,无论这只脚画得多漂亮;造船者也不会把船尾造得奇大无比;合唱团指挥更不会让唱得又洪亮又动听的歌者加入为团员。把臣民放逐的君王只要其统治符合国家利益,仍能维持城邦和谐。因此,遇有公认的出类拔萃者的情况,赞成放逐是基于某种政治公平性。诚然,最好是立法者当初创制时订立

---

① 该则寓言说群兽集会,野兔要求众兽地位一律平等。雄狮反驳野兔说:你自己有爪牙吗?

② 两人皆为希腊僭主。

相关规定,也就用不着诉诸放逐了。不过,倘若确实有此需要,采用放逐或类似措施来解决,也不失为可行的办法。可惜的是,一些城邦没有从政体的利益出发,把放逐作为派系斗争的工具。因此,在变异形式的政体中,从它自己的观点来看,放逐是有利和公正的,但放逐显然不是绝对公正的。在理想政体中,放逐制度使人颇感疑惑。令人疑惑的倒不是应如何对待拥有政治势力、财富或者丰沛人脉关系的出类拔萃的人物,而是应怎样看待品德高超者,人们不会认为这种人必须予以驱逐流放,但他们显然也不认为应当统治这种人——这样做俨然是对天神宙斯施加统治,并瓜分属下的各种官职。唯一的解决方式也是自然的做法——大家心悦诚服地跟从这种人,拥戴他为城邦的终身君王。

第14章

论述至此,也许应当进而讨论君主政制,因为我们认为君主政体是一种正确形式的政体。我们需要考虑,为实现妥善治理城邦或国家,应由君王统治还是建立其他形式的政府?君主政体是否仅仅在某些情形下有利(在其他情形下反而不利)?我们首先必须确定君主政体只有一种还是有好几种。[1285a]显而易见,君主政体有多种,统治方式各有不同。斯巴达政体是依法推行的君主制的典型:君王并非对一切事宜拥有最高治权,但在征讨他国时,他是最高统帅。不单单军事,连宗教事务也由他管辖。君王实际上是拥有绝对权力的终身制军事元帅。君王不操生杀之权,但也有例外情况(如在紧急状态之下)。古代君王出征可立斩犯行者。荷马曾记述,阿伽门农在公民大会上硬着头皮挨骂,但一旦踏上征途,手中则握生杀大权。他确曾如是说:

谁躲避战役,

>勿存侥幸之心。
>鹰犬必食之，
>夺命之权在我。①

这是君主政体的一种形式——终身军事元帅——这类君主政体，有的为世袭，有的为民选。

另一种君主政体见诸于一些野蛮民族。它与僭主政体相似，但依法建立而且行世袭制。外邦人的天性比希腊人易驯服，亚细亚人的天性也比欧罗巴人易驯服，所以他们对专制统治逆来顺受。因此，这种君主政体带有僭主政体的性质，但它依法建制并且为世袭，政权相当稳定。由于这个原因，这些国家的王室御林军同僭主的御林军不同——前者由武装的公民担任卫兵，后者则由外邦雇佣兵当守卫。君王依法统治甘愿臣服的民众，僭主却只对不愿臣服的民众实行统治。所以，君王从公民中选拔卫兵，僭主则设卫兵以防公民。

以上就是君主政体的两种不同形式。此外，曾有第三种形式，即艾修尼德形式②，屡见于古代希腊各邦。简言之，它是民选僭主制，与蛮族奉行的君主制的差别在于它不行世袭，但也是依法建立的。有些统治者是终身制，有些担任一段时间或者直到完成功业为止。例如，当安提美尼德和诗人阿尔凯俄斯率领米提利尼的流亡者来攻时，米提利尼人曾推举毕达库斯为首领以迎战。阿尔凯俄斯的一首酒颂这样詈骂城邦公民：

>低贱的毕达库斯，
>
>^{1285b}懦弱蹇运的城邦僭主，
>
>全民拥立捧上天。

这些歌词证实了毕达库斯是公民选举出来的。不论在过去还

---

① 见荷马《伊利亚特》Ⅱ，391－393。
② 民选邦主。

是现在，这些政体具有双重性质：君王专断独裁，属于僭主政体，但由于公民选出君王，同意受其统治，所以也属于君主政体。

第四种形式的君主政体——史诗时代的君主政体——行世袭并且依法建制，臣民甘愿受统治。王室的始祖曾经是民众的大恩人，或率领他们打胜仗，或教会他们技艺，或聚众建立共同体，或给予他们土地。这些君主是百姓拥戴为王的，后传位给子嗣。他们战时为统帅，祭时为主祭（另有祭司职掌的宗教事务除外），并且担任诉讼法官，在做出决断时，有时宣誓，有时不宣誓，而手执权杖是他们宣誓的方式。古代君王的权力包括了城邦、国家和境外的一切事务——后来放弃了一些特权，臣民也分得君主的一些权力。在有些城邦，君王最后仅拥有祭祀权，即使在名副其实的君主政体，君王的唯一实权就是外征时率将领军。

所以，君主政体共有四种形式：第一种是史诗时代的，对甘愿臣服的百姓实行统治，但只限于某些职司——君王既是统帅也是法官，并且管辖宗教事务。第二种是外邦的，是依法建制的世袭专制政府。第三种是所谓艾修尼德式的，即民选僭主。第四种是斯巴达式的，实际上就是世袭、终身制的军事统帅。四者之差别有如上述。

还有第五种形式的君主政体：一人拥有绝对权力①，就像每个民族或每个城邦对其共同事务拥有治权一样——家务管理也属于这种形式。家务管理是家庭的君主制，反过来说，君主制是一个城邦、一个民族或者多个民族的家务管理。

第15章

在所有五种形式的君主政体中，我们只需考察其中两种——

---

① 即下一章的全权君王。

斯巴达式和全权君王式,因为大多数其他政体都是介于两者之间:君王的治权比斯巴达君王的治权大,但比全权君王的治权小。因此,实际上需要探讨的不外乎两个问题:第一,统帅终身制是否对国家有利?倘若有利,应当是世袭式还是公民轮流出任?第二,由君王统揽一切权力[1286a]对城邦有利还是不利?第一个问题与其说是政体问题,毋宁说是法律问题,因为任何形式的政体下都可设终身统帅制,所以这个问题暂且不论。全权君主是政体的一种形式,必须加以探讨,检视一下所涉及的难题。我们首先考虑到底是由一位最贤明者统治有利还是依最健全的法律统治有利?

主张君主制有利的人认为:法律规定仅是一般性规则,并不针对实际发生的情况,而任何学科技艺墨守成规都是愚昧的。埃及医生疗治病人,若到第四天仍未见效,可酌情改变传统处方(但倘使医生在此以前这样做,个人须承担风险)。同理,施政仅按法律条文的政府显然不是最佳的政府。另一方面,对统治者来说,没有一般性法律原则确实是不行的。人的感情与生俱来,人比不上不带感情的法律,因为人会受感情的影响。不过,有人会说,对于具体的案件的审议,人的判断能力比较强。

所以,最贤明者必须立法,城邦必须通过法律,但遇法律不够中肯时不具有最高权威——在其余的情况下,则其权威高于一切。然而,当法律根本不能决断或者不能妥为决断时,应由最贤明者还是由全体加以决断?我们目前的做法是,公民执行司法审议的职务,出席大会就具体案件做出决断。大会任何一位成员个别来说都不如最贤明者;但城邦是由许多人组成的,正如公共饮宴,多人合资提供的伙食品质总是胜过一人独自出资的伙食品质,所以在许多问题上,民众的决断会比任何个人的决断高明。

再者,人多比人少较不易腐败,好比小池的水易为腐水,大池则不然。个人在愤怒或其他类似感情的刺激下,会做出错误的判断,但全体人非常不易同时发怒和误断。我们可以假定这些人都是奉公守法的自由人,在法律无法具体的地方做出弥补。纵使不能确保一大群人当中人人都如此,但我们只需假定大多数人是善人和良好公民,试问到底是一个贤良者还是许多善人比较不易腐化? 诚然是许多善人较不易腐化。[1286b]然而,有人说人多就会分派系,而君王是孤家寡人,这种情形不会发生。对此,我们的答复是:这许多人的品德和君王一样高尚。如果把许多善人掌权执政的政体称为贵族政体,一人掌权执政的政体称为君主政体,那么,城邦奉行贵族政体比较合适,不论统治是否靠武力维持,唯一的条件是邦内有许多具备同等德性的人。

从前君主制相当流行,也许是因为很难找到一批品德崇高的人——当时各国人口稀少,所以就更难。再者,他们被拥立为王,正因为他们是民众的大恩人,而施恩正是善人的行为。但当品德崇高的人渐渐多起来,他们不甘在一人之下,兴起组织共同体的念头,于是建立城邦。但统治阶层不久就开始变质,利用公共财产以中饱私囊——寡头政体的兴起可以说源出于此(财富被视为荣誉)。嗣后,寡头政体导致僭主政体,后者又导致平民政体——由于贪婪,政府权力愈来愈集中在少数人手中,反对者加入民众一方,后者势力愈来愈大,终于推翻少数统治,建立平民政体。可以说,由于城邦人口进一步增加,想不建立平民政体殊非易事。

若是以君主制为最佳形式的城邦政体,则应当如何看待君王子嗣?王位应否由君王后代继承?考虑到一些王子王孙始终不成气候,世袭制实非社稷之福。有人说君王遇到这种情形,便不会把王位传子。这种事情我们不敢奢望:大位不传子,只有克服人性,达到更高的道德境界才能做得到。此外,还有君王侍卫的问题,将登王位的人是否应当有一支御林军,于必要时对不肯臣服的人实行镇压。如果不设御林军,他如何统治王国?即使他是处处依法行事的君王,从不恣意妄为,也必须有武力作后盾,才能切实执行法律。对于这类君王,前述问题不难解答:君王麾下的御林军人数必须足以压倒个人或者几个人纠合起来的武装力量,但绝抵不过全民集合起来的力量。古代民众委任所谓艾修尼德或僭主,给他配备侍卫就是按照上述原则。所以,当狄奥尼修斯要求叙利古人给他一支卫队,一位参谋所建议的人数就是这般规模。

第16章

^{1287a}现在讨论恣意行事的君王以及这种形式的君主制。前文指出①所谓依法统治的君王制本身并非政体的一种形式。终身军事统帅②在任何形式的政体中都可能出现(例如,平民政体或贵族政体)——在民事管理方面,若干政体形式不同的国家都把最高权力交与一人,例如,埃庇丹诺斯的政府就属于这一类,在某种程度上,奥浦斯也属此类。但全权君王制是君王自行裁量如何统治的一种政体。有人认为城邦是由类似的人所组成的,一人君临于全体公民之上并不合乎自然。他们的观点是,天生平等的人按照自然本性必然具有同等权利和价值;因此,在公职和名位方面,彼此不平等的人享有平等权利,或者彼此平等的人所享有的权利不平等,都是不对的,因为这就像让身高不同的人吃分量相同的口粮,穿尺寸相同的衣服一样。所以,对于彼此平等的人,公正就是大家参与统治和接受统治,包括轮流出任公职在内。这构成了法律——轮任的规定本身就是法律。因此,法治比人治更可取,引而申之,即使某些人治理城邦比较好,也只应任命他们为法律监护或

---

① 见第10章。
② 依法统治的君王拥有的权力受限制,一般来说,相当于终身军事统帅。

法律侍从①。大家公认有必要设置行政官,但人们认为既然公民地位平等,一人居大位是不公正的。虽然有某些问题依法无从决断,但个人同样定夺不了。针对这种情况,法律规定先给行政官提供专门训练,再委派他们就此等事宜尽其所能,做出最公正的定夺。此外,行政官可以根据审判经验,对现行法律做出修正,使其更加完善。所以,主张法律统治相当于主张全听神明和理性统治,但主张人治则引入兽性,因为欲望带有兽性——即使最贤明的行政官也会受欲望的诱惑,法律却是不受欲望影响的理性。

有人以医术为喻,指出按照处方成规治病并不好,延请懂医术者诊治要好得多。这未免引喻失当,历来医生不会因偏袒之心而不秉从理性治病,他们只是替人治病赚取酬金。行政官则不然,他们有许多惯常的做法,是为了讨好朋友,刁难敌人。如果病人怀疑自己的医生与敌人勾结,为私利而想害他,他多半想按照处方成规治疗。除此以外,医生自己^{1287b}罹病,会请别的医生给他治病,健身教练自己进行训练时,也请别的教练给他当指导员。他们觉得对自己不能做出正确的判断,因为在做判断时会受到个人情绪的影响。这说明寻求公正,就是寻求中立的权威,而法律就是中立的权威。再者,建立在习俗之上的不成文法具有更高的权威,它所管辖的事宜比成文法重要——如果说统治者的统治比成文法统治较不易出错,那么,习惯法的统治就比统治者的统治更不易出错。

除此以外,一人统治,日理万机,殊非易事,他将需要任命若干名下属,常设这些官职与统治者在需要时加以任命,两者无甚差别。我曾经说过,如果最贤明者之所以享有统治权是因为他比其他人贤明,那么两位贤明者毕竟胜过一位贤明者。常言说:

宜乎两人同行。

---

① 监护意指"维护法律",侍从意指"处处遵循法律"。

还有阿伽门农的祷词:

> 愿得谋士十人[①]。

目前有些行政官,例如法官,对法律无从决断的事宜有定夺权,但也只限于这类事宜而已——法律在其能决断的范围内,"是最贤明的统治者兼法官",这一点殆无疑义。法律不能涵盖所有一切事项,因此不在法律涵盖范围内的事宜会产生不少困难,引起以下的争论:"完善法律的统治是否较最贤良者的统治可取?"对于需要审议的事宜细节,不可能订立法律。赞成法律统治的人并不反对此等事宜应由人做出裁断,但主张应设法官多人,不是仅仅一人。凡受过法律训练的官员都有很好的判断能力,但仅有一双眼睛看,一对耳朵听,一双手和一双脚行动的个人,必定胜过众人用多眼看、多耳听、多手和多脚行动,这一点是说不通的——何况君王本来就有布置耳目亲信,重用股肱心腹的做法,且亲信一定是君王的朋友,不然不会推行其政策。君王的友人总是一些与他平等和相类似的人。如果君王认为其友人应当担任公职,与君王平等和相类似的其他人自然也应当担任公职。

以上是反对君主制的主要论证。

第17章

以上的论证适用于某些社会,但对另一些社会也许不适用。依自然本性,有些社会宜于专制统治,有些社会宜于君主统治,有些社会宜于城邦政体,每种社会的统治方式不同,这是公正和有利的。但没有一个社会在自然本性上宜于僭主政体或者任何变异形

[①] 见荷马《伊利亚特》X224,"两人同行必有一人先觉察哪条途径较佳",意指两人较一人的见识为广。"愿得谋士十人"见Ⅱ372。

式的政体,因为这些政体都是有悖自然的。然而,上述论据说明了[1288a]在平等和相类似的人当中,一人凌驾于其他所有人之上既不公正亦不利。不论这是依法建制,还是无法可依——统治者本身就是法律,不管君主臣民皆为善人,还是皆为恶人,都是如此。甚至统治者品德高尚亦然——除非他具有非凡品质。我们现在探讨一下这种品质,尽管前文略有提及①。但我首先必须确定什么性质的社会分别适合君主政体、贵族政体和城邦政体。能够自然地孕育出德性杰出又能肩负政治重任的领导人物的社会适合君主政体,能够自然地培育出自由人而他们接受德性卓越、有能力领导政府者统治的社会适合贵族政体,能够自然地养育出既具备军事能力且能依法(富人依才德高低分享官职)统治和接受统治的群体的社会适合城邦政体。倘若有德性非凡的家族甚或个人,那么,王位王室即非彼莫属,他们对一切事宜拥有最高权力是公正的。前文已提到,赋予他们权力不但同各政体(贵族、寡头、平民)创制者惯常提出的公正观念一致(这些政体都确认基于优越性的权利要求,尽管各政体侧重的优越性不一样),而且也符合既定原则。② 因为把这类人处死或流放确实是不宜的,要他反过来接受他人统治也是不适当的。依自然本性,全体不能逊于部分,而这般杰出者与其他人的关系好比全体与部分。唯一的办法是,他应当拥有最高权力,大家服从他的统治——终身统治而且不与他人轮流执政。

以上论述答复了何谓君主制,君主政体有哪些形式,哪种形式对城邦有利、哪些形式对城邦不利,对哪种城邦政体合适,在哪些条件下合适。

---

① 指第三卷第 13 章。
② 指第三卷第 13 章。

第18章

我们认为政体有三种正确形式,最优良的政体由最优秀的人统治,在这样的政体中,某人、某家族或者多人在德性方面超越一切人,前者统治,后者接受统治,以实现最合宜的生活。一开始探讨时,我们确立在最优良的政体中,善人的德性和良好公民的德性必然是相同的。所以,人实现德性的方式和方法与建立贵族政体或君主政体统治的方式和方法是相同的,^{1288b}而使人具备德性的教育和习性与使人成为好的政治家和好君王的教育和习性基本上是一样的。

这些问题既有定论,我们现在应当谈谈最优良形式的政体,探究一下最优良政体在哪些条件下自然会出现以及如何建立这种政体。

倘若想对这个问题进行切实的研究,就必须……①

---

① 第三卷本章最后这句话未完,但重复出现在第七卷开首,所以有学者认为第七卷应移至第三卷之后。也有学者认为本书非常重要的第三卷是后来加进去的。

第四卷

第1章

各类技艺和科学，凡是涵盖了各自研究对象的全部，而不仅是对其进行局部研究的，都需要就研究对象的各个种类逐一考察合适的方法。例如，体育学不但研究对于各类型身躯哪些训练法合适，而且也研究哪些训练法最佳（最佳的训练法必然适合天赋最好的身躯和生活条件充足的人）以及哪些训练法适合大多数人（这也是体育学需要解决的问题）。除此以外，有些人想锻炼身体，但不想达致竞赛要求的技术和能力水平——训练员和教练的任务显然是教导他们达到各自想要的水平。医术、造船术、缝纫术乃至其他一切技艺的训练都是如此。

政治学涵盖了政制问题的全部，显然首先需要逐一考察什么是最优良政体？如果没有任何外在因素的妨碍，最理想的政体应具备哪些性质？其次应当考察哪些政体对哪些城邦合适，因为对许多城邦来说，最优良的政体是不可能达致的。所以，优秀的立法者和真正的统治家不仅应知晓绝对最佳的政体，而且应熟悉在既有条件下的最佳政体。其三是考察在任何特定条件下建立的政体，它们当初如何建立以及如何长期维持不坠（此等城邦并不属于最佳政体，也不具备最佳政体的必要条件，亦不是在既有条件下的最佳政体,而是属于次好的政体①)。除了上述三项,其四是确定对所有城邦最合适的是哪种政体？政体评论者大多数并不了解实用性,尽管他们在其他方面颇有见地。我们不仅应当研究哪些是最优良的政体,还应当研究哪些是可能达致的最优良政体以及哪些是所有城邦比较容易实践的政体。然而,目前有些人只寻求至高无上形式的政体,尽管这种政体需要具备大量的资源。有些人则只谈论一些普通形式的政体,漠视现有的各个政体,而表扬斯巴达政体或一些其他政体。[1289a]可是,需要做到的是引进这样一个制度:不但易于说服人们接受,而且人们在现有情况下能够参与,因为政体改革不比从头建构政体来得容易,正如重新学习某学科绝不比当初学习时容易。因此,除了上述各点外,政治家还有一项任务,就是针对现有政体的弊端提出因应之道,这一点前文已提到。但是,除非知道政体有多少种形式,否则他是无能为力的。目前有些人认为平民政体只有一种,寡头政体也只有一种,这是错误的看法——为了避免犯这种错误,我们必须确定各城邦政体之间的差别以及这些差别的不同组合可以构成多少种政体。我们应当努力辨别哪些是最佳法律、哪些是适合于特定政体的法律。城邦应当制定适合于政体的法律(在实际上确是如此),不应为了配合法律而制定政体。政体系城邦采取的安排,据以分配公职,决定何者为最高权威以及城邦共同体要实现的目的。法律有别于政体的原则,法律是行政官据以治理城邦以及防止违反情事的规则。由此可见,即使是为了制定法律,也必须先弄清楚各种形式的政体以及每种政体有多少类。如果每种政体有好几类,那么平民政体或寡头政体都不是只有一类。那么,同一套法律不可能对所有各类的平民政体(或所有各类的寡头政体)同样有利。

---

① 亚氏提到次好的政体,呼应前一段所提的次好的体育训练。

第 2 章

我们最初讨论政体时,要区分三类正确的政体(君主政体、贵族政体和城邦政体)以及三类相应的变异政体(僭主政体、寡头政体和平民政体)。君主政体和贵族政体业已讨论过。关于最优良政体的探讨实际上就是讨论这两种形式的政体,因为两者都旨在实现基于德性原则并且具备物质条件的政体。关于贵族政体和君主政体之间的差别,前文已有阐述①,同时也说明了何时应当建立君主政体②。下文将阐明城邦政体(它原是所有政体的通称)以及其他形式,即寡头、平民和僭主政体。后三种变异政体最恶劣的是哪一种,其次是哪一种,均不言而喻。各种正确政体的第一种(也是最优良政体)的变异必然是最恶劣的。如果君主统治并非徒有虚名,必然因君主的高度优越性而得以维系。^{1289b} 所以,作为此一正确政体反面的僭主政体是最恶劣的,与贵族政体相背离的寡头政体次之,而平民政体则是较温和的。

前辈作家曾提出相同的观点③,但却应用不同的原则,他的原则是所有政体都有好的形式和坏的形式,寡头政体就是一例。他据此原则把好的形式的平民政体评为所有好的形式的政体中最次的一种,坏的形式的平民政体为所有坏的形式的政体中最好的一种。我们则认为,这两种政体,无论是哪种形式,全然不正确。某种形式的寡头政治比另一种形式好的提法是不妥的,只能说这种形式没有另一种形式恶劣。

这个评级分等问题暂且不论。让我们先确定政体到底有多少

---

① 见第三卷第 7 章、第 15 章和第 17 章。
② 见第三卷第 17 章。
③ 见柏拉图《政治家篇》302E、303A。

种类（因为平民政体和寡头政体就有好几类），哪种政体是最多人接受的以及在最优良政体以下哪种政体最为可取。此外，是否还有其他形式的政体带有贵族性质、制度健全而又适宜大多数城邦采用？各种其他形式的政体中，哪一种对哪些人民合适（因为对某些人来说，平民政体可能比寡头政体更合宜，对另外一些人则相反）？我们接着探讨如果要实现这许多形式政体中的一种（不论是平民政体抑或寡头政体）应如何进行？在扼要地讨论所有这些问题之后，我们应尽量考察政体盛衰兴替的一般因素以及每一种形式政体盛衰兴替的特殊因素，并且探究这些情况之所以发生的最自然的原因。

第3章

政体形式之所以有许多种类，正是因为每个城邦都包括了许多组成部分。我们首先观察到所有城邦都由家庭组成，而公民众多，其中必然既有富人，亦有穷人，还有家道比上不足、比下有余的小康人家。此外，富人有武器，穷人则无。平民中有农夫、商贩和工匠等。显要之中，各家的财富和所有物也有差别——各家拥有的马匹数目就是一例（只有富有人家才养得起马匹。因此，古代所有以骑兵称霸的城邦都是寡头政体，执政者惯常用骑兵出征邻国，例如，爱勒特里亚人、卡尔基人、梅安徒河上的马格尼西亚人以及小亚细亚其他许多民族）。除了财富方面有差别，还有出身和德性方面的差别。此外，1290a 还有在我们讨论贵族政体、列举城邦的必要部分时，所提到的其他类似的区别①。

城邦由各个部分组成，有时候所有各个部分都参与城邦治理，

---

① 第三卷第12章提到的类似区别是公正和作战勇敢。

有时较多部分参与,有时较少部分参与。显而易见,由于参与城邦治理的部分因城邦而异,城邦政体必然有多种。政体系关于公职的安排,所有公民按照其隶属的阶层(例如,富人或穷人)所拥有的权力,或者按照某类平等原则进行分配。因此,根据城邦各部分的区别和高低上下①分配公职的安排有多少种,城邦政体就有多少种。

一般认为政体有两大类。人们把风分为北风和南风,其余的风只是北风和南风转变而成的。许多人也认为政体不出两类:平民政体和寡头政体。贵族政体被视为寡头政体的一种,即由少数人实行统治,而城邦政体实质上是平民政体,就像人们把西风算作北风的转向,东风算作南风的转向一般。有人对乐调持类似的看法:主张乐调分多利亚调和弗利吉亚调两种,其余所有乐调不是冠上多利亚,便是冠上弗利吉亚。人们也喜欢用类似的概念来看待政体,但我们的分类较佳也较为精确:正确形式的政体有一二种,而其他形式视作变异——不论是最优良政体的变异,还是高度调和的混合政体的变异。而变异政体趋向苛刻高压的是寡头政体,趋向缓和弛散的是平民政体。

第4章

有些人习以为常地认为平民政体就是大多数人拥有治权的政体形式,这是错误的。因为在寡头政体乃至所有政体中,都是大多数人②拥有治权。同理,把寡头政体定义为只有少数人拥有治权的政体形式也是错误的。假设一个城邦的居民人数是1 300人,其中

---

① 据学者纽曼注释,"高低上下"是指财富、出身或德性,"区别"是指职业方面,如农夫、工匠、商贩等。
② 指享有公民政治权利者的大多数。

有1 000人是富人，其余300人是穷人。但富人不把公职分配给穷人，尽管后者都是自由人出身，而且在其他方面的条件与前者相等，这样的政体决不能称为平民政体。同样地，如果穷人寥寥可数，但他们比富人有势力（虽然后者人数众多，他们分配不到公职，也不享有名位），那么这样的政体决不能称为寡头政体。[1290b]因此应当说平民政体是自由人当权的政体，寡头政体是富人当权的政体，而自由人人数多、富人人数少只不过是事出偶然而已。否则的话，按体格魁梧（据说埃塞俄比亚就是这样）或者相貌英俊来分配公职的政体将是寡头政体，因为高大或俊美的男人毕竟属于少数。不过，单靠财富和自由人身份这两个准则还是不能完全界定寡头政体和平民政体。这两个政体包含了许多其他要素，因此必须做进一步分析。例如，如果具有自由人身份的少数统治着不具有自由人身份的大多数，这也不应称为平民政体。例如，伊奥尼亚海湾上的阿波罗尼亚和在忒拜的情况就是如此（因为在该等国家担任公职者都出自初期移民的世系，在众多居民中，他们只占极少数）。如果富人由于人数多而掌权，也不应称为平民政体。一个例子是古代的科洛封，在吕第亚战争之前，大多数居民拥有大量土地。平民政体系指占人口大多数的具有自由人身份的穷人统治城邦，寡头政体系指出身名门贵族为数不多的富人实行统治。

我说过政体的形式有多种，并且阐明了何以有多种的原因。现进一步阐明为什么除上述政体①以外还有其他形式的政体，这些政体的性质及其产生的原因。前文已指出每一城邦包含不止一个部分，而是多个部分，我们可从这一点讲起。如要把动物分门别类，首先应当确定每种动物不可或缺的是哪些器官，例如，某些感觉器官、进食和消化食物的器官（如口、胃）以及个体移动所需的器

---

① 指平民政体和寡头政体。

官。假定不可或缺的器官就是这几类,但每种器官却有许多不同的品种——即是说有许多不同品种的口、胃、感觉器官和移动所需的器官。许多不同品种器官的组合必然会形成许多不同种类的动物(具有不同品种的口或耳的动物就不可能是同一种类的动物)。不可或缺的器官的各个品种可能组合的数目,就是动物种类的总数。

政体形式的数目亦复如此。我们一再指出,城邦不是由一个部分,而是由多个部分构成的。第一个部分从事粮食生产,即所谓农夫。第二个部分是工匠,[1291a]城邦如无工匠根本不能居住——工匠有些活儿是绝对必要的,其他一些则属奢华或优雅生活之需。第三个部分是商贾,即从事买卖的商人或零售商贩。第四个部分是劳工。第五个部分是国防军——他们与其他四个部分都是不可或缺的,否则城邦公民将沦为入侵者的奴隶,一个为奴的共同体如何配称为城邦?城邦是独立自主和自给自足的,而奴隶恰恰不是。

《理想国》中关于这个问题的论述独具匠心,可惜仍嫌不足。柏拉图认为城邦由四类不可或缺的人组成:织工、农夫、鞋匠和建筑工。后来,他发觉有所欠缺,添加了铁匠;接着添加牧人,以饲养必要的牲口;陆续又添加商人,然后是零售商。所有这些部分合起来成为他所勾勒的第一城邦的全貌——俨然城邦的建立仅是为提供生活必需品,而不是为了实现德性;又仿佛城邦对鞋匠的需要和对农夫的需求是不相上下的。书中一直等到设想中城邦的后期发展,开始占用邻国领土引起战争时,才引进设立国防军的问题。即使城邦初始的四个部分或者组成城邦共同体的各个部分(姑勿论人数有多少)总需要有人从事司法行政,裁断是非曲直。一如生物的灵魂被称为比躯体更基本的部分,武士、司法行政人员、议事(这类任务要求某种程度的政治智慧)比供应生活必需品的部分重要。至于这三类任务分属不同的群体,还是属同一群体,与我们的论点并不相干(因为同一批人可以既当士兵,亦从事农耕)。既然执行高级任务者和执行低级任务者一律为城邦的组成部分,军人部分无论如何也应当包括在内。此外,提供财产给城邦的富人构成第七部分,公务员和行政官是第八部分,因为城邦不能没有治理人员,总需要有人出任公职为城邦效劳,不论是长期任职还是轮流任职。余下部分就是进行审议、裁断是非的人士(前文提到过这些人)。如果所有这些部分及其公平公正的组织对城邦是必要的,那么,^{1291b}总需要有具备政治家能力的人。同一人通常也能承担几种不同的任务,例如,士兵同时可务农或者当工匠,而议事也可兼任法官。绝大多数人都自命具有政治能力,认为自己可胜任大多数公务。然而,同一人不可能同时既是富人又是穷人,因此,富人和穷人被视作城邦的不同部分。再者,由于富人通常为数不多,而穷人人数众多,两者似乎针锋相对,一方得势便建立政体,所以,大家逐渐持有这样的看法:政体分两种——平民政体和寡头政体。

我阐述了政体有多种形式以及何以如此的原因,现进一步说明平民政体和寡头政体也具有各种不同的形式——其实从前文陈述中,这一点已相当明显。这两类政体具有各种形式是因为普通百姓和显要有各色各样。百姓之中有农夫、工匠、从事买卖的商贾;在海上作业的人,他们或者从事海战、海上贸易、海运和渔业(在许多地方,上述这几种人人数相当可观,例如,塔林顿和拜占庭的渔民,雅典的海军,埃吉那和凯俄斯岛的海商以及忒多斯岛的摆渡船夫)。除此以外,还有佣工,一些身无长物、生活穷困的人以及双亲都不具备自由人身份的人,也许还有其他种类的人。而显要也因财富、出身、德性、教育和类似区别而分成各类。

第一类平民政体据说是因为严格遵循平等原则而被称为平民政体。依法律规定,穷人不占任何优势:富人和穷人都拥有治权,地位完全平等。有些思想家认为,自由和平等最能在平民政体中得到实现——按照这种思路,最有效的实践方法应当是所有人最大限度地分享政府的权力。由于民众占大多数，其意见将是决定性的，这种政体必然是平民政体。第二类平民政体规定个人财产必须达到某一标准才有资格出任公职，但所订的财产标准不高——不过财产一旦失去，个人也就丧失任公职的权利。第三类^{1292a}平民政体的特色是，凡出身毋庸置疑的公民皆可担任公职，但法律具有最高的权威。第四类平民政体，凡是公民皆可出任公职，但也是以法律为最高权威。第五类平民政体却以民众而不是以法律为最高权威，民众得以用政令取代法律，尽管其他各个方面都不变——这是"大众领袖"[1]所造成的情况。在法治的平民政体中，最优秀的公民居高位，没有"大众领袖"的一席之地，但如果法律不具有最高权威，"大众领袖"就会冒出来。民众将成为君主——"聚众于一身"的君主，民众集体地（并非个别地）掌权。荷马说过："岂善政而出于多门。"[2]他的意思是指多人集体行使统治权抑或若干行政官个别地行使政治权，我们不十分清楚。不管怎样，这类平民政体已不在法律的束缚之下，而转化成君主政体，开始实行君主式专制统治——奸佞之人受到敬重，平民政体中有这一类，就像一人专制政体中有僭主政体。两者表现出类似倾向：对较优秀的公民实行专制统治。这类平民政体的政令相当于僭主的诏令，"大众领袖"之于这类平民政体有如奸佞之人之于僭主。在这类平民政体中，"大众领袖"大权在握，就如僭主之下佞臣权极一时。"大众领袖"把所有事项都提到民众大会，让民众的政令否决了法律。由于民众对一切事宜拥有最高权威，而他们紧跟"大众领袖"，因此后者对所有决定拥有最高权威，由是"大众领袖"地位崇高。此外，那些对行政官提起诉讼的人说"让民众做出裁断"，而民

---

[1] 亚氏所指的"大众领袖"带有贬义，泛指野心勃勃，哗众取宠，蛊惑群众，擅长煽动演说的领袖人物。

[2] 见荷马《伊利亚特》Ⅱ，204。

众乐于接受这项邀请,于是各个官职的威信备受打击。这类平民政体还算得上城邦政体吗?如果法律没有权威,就没有城邦政体可言。法律的权威应当高于一切,行政官应当就具体问题做出判断,只有如此才是城邦政体。因此,如果说平民政体是某种形式的政体,由于政令所针对的是具体事宜,一切皆依政令的政制,根本不是真正的平民政体。

各种形式的平民政体的陈述到此为止。

第 5 章

寡头政体也有不同类,有一类规定出任公职者,财产必须达到某一数量。尽管穷人占人口的大多数,[1292b] 由于有财产数量的规定,穷人无法享有担任公职的权利,但凡是符合规定者则有此权利。另一类寡头政体也有财产数量的规定,而且订得相当高,公职出缺以增补方式处理。如果新成员是从所有符合资格的人当中选出的,这类政体倾向于贵族政体;如果是从特权阶层选出的,则倾向于寡头政体。另有一类寡头政体是父子相传的世袭制度。第四类寡头政体也是行世袭制,具有最高权威的是行政官,不是法律。寡头政体中的这一类有如君主政体中的僭主政体或者平民政体中的最后一类。这一类寡头政体亦称"权阀政体"。

寡头政体和平民政体有上述各种形式。然而,应当指出在许多地方,由于民众的习性和教育,一些法制不属于平民政体的政府却采用平民政体的治理方式。反过来说,一些法制属于平民政体的政府,也会因为民众的习性和教育,而比较倾向于寡头政体。通过革命成立的政体尤其有这种现象,公民的倾向不会立即改变过来——在初期,当权者略占优势便心满意足,因此尽管一批新人上台掌政,一些旧法仍然得到保留。

第6章

从上述的实际情况就能断定平民政体和寡头政体的多种形式是存在的。要么我们提到的所有各个阶层的民众都能分配到公职,要么部分民众分配得到,部分民众分配不到。当农夫阶层和财产微薄者拥有最高权威,政府将依法治理城邦。这是因为他们必须维持生计,没有从政的闲暇。他们于是完全依赖法律,只出席一些必要的公民大会。其他人一旦拥有法定的财产数量,也都享有参与城邦治理的权利。所以,凡是符合必要资格的公民都享有此等权利——这正是平民政体的特色(寡头政体的性质则是并非人人都享有参与治理的权利)。在另一方面,如果城邦没有资金①,财产微薄者由于忙于生计,也就没有闲暇从政。由于这些理由,这是平民政体的一种形式。另一种形式的平民政体是进一步加以区别才突显的。按规定凡是出身毋庸置疑的公民皆具有参政资格,但实际上这些公民只在有闲暇时才能从政。因此,在这种形式的平民政体中,法律具有最高权威,理由是城邦没有任何公款收入②可用作公民参政补贴。第三种形式是所有自由人都有权参与城邦治理,但由于前述原因,实际上没有参政;所以,在这种形式的平民政体中,法律也具有最高权威。在城邦的发展史上,1293a 晚近出现的是第四种形式的平民政体:城邦的规模扩展空前,公款收入大增,所有公民都参与治理,因为人多占优势③——而公民全体,包括穷人在内,都获得补贴,大家有闲暇行使权利,实际参政。确实,获得补贴的普通百姓最有闲暇,因为没有什么私人生意要料理,而富人

---

① 指外邦纳贡或外部财产收入。
② 指外邦纳贡或外部财产收入。
③ 相对于非公民、非自由人而言。

为了经营私人生意，往往无暇参加公民大会和出席法院。于是城邦不再由法律统治，而是由占多数的穷人统治。平民政体就有这几种，都是由这些必要原因所造成的。

第一种形式的寡头政体是较多公民拥有财产，但数量不大，凡拥有财产达到法定数量便可参与城邦治理。由于参政公民人数很多，具有最高权威的是法律，而非个人。这种形式的政体，参政的公民愈多，距离君主政体就愈远。在财产方面，他们所拥有的财产既不多到不得不料理私人生意，亦不至于少到非领补贴不可。然而，如果城邦拥有财产者人数比较少，个人拥有的财产比较多，就会出现第二种形式的寡头政体：有财产的人将拥有较大的权力，从而要求在城邦治理方面享有更多的权力。为了达到这个目的，他们自己挑选其他阶层的人出任公职；但鉴于自己力量还不够强，不能不依法行事，他们制定了能够贯彻他们意志的法律。当拥有财产者的财富不断累积，人数进一步减少，权力集中，就出现下一阶段（第三种形式）的寡头政体：统治阶层把持了各种官职，并且立法规定公职父子世袭。当他们富甲天下，影响力无人能及时，这种"权阀政体"近似君主政体；具有最高权威的不是法律，而是个人。这是第四种形式的寡头政体，与最后一种形式的平民政体相对应。

第7章

除了平民政体和寡头政体以外，还有两种政体，人们通常都知道其中的一种，并且称之为政体的四种形式之一（四种形式指君主政体、寡头政体、平民政体和这种所谓的贵族政体）。不过，事实上还有第五种政体，称城邦政体（原为所有政体通称）。这种政体不常见，讨论政体类型的作者往往把它忽略——柏拉图在《理想国》中就不曾提到城邦政体[1293b]——认为政体只有四种。"贵族政体"

的称谓用于本书第一部分①所讨论的政体是十分恰当的。一个政体的成员不仅按某些标准来说具备德性,而且在道德上绝对高尚,只有这样的政体才能称为贵族政体。在这种政体中,善人和良好公民是绝对等同的——在其他政体中,善人只是相对于特定政体的特定标准而言。然而,有些政体与寡头政体和所谓城邦政体之间有相当差别,因此也被称为贵族政体。在公职人员的选举方面,不仅根据个人财富,而且根据个人德性,就属于这一类。人们也把这种形式的政体称为贵族政体。这个用法是对的,因为即使有些城邦不以德性为共同体的目的,仍然有德高望重之人。所以,崇尚财富、德性和民众的城邦(如迦太基)可称为贵族政体,而三者中崇尚其二的政体也算是贵族政体——如斯巴达只标榜德性和民众,把平民和德性的两种原则加以糅合。除了最优良(第一种)政体以外,以上是贵族政体的两种形式——第三种形式是所谓城邦政体,它是倾向于寡头政体的。

第8章

所谓城邦政体和僭主政体尚待讨论。虽然城邦政体和前述的两种形式的贵族政体不属于真正的变异政体,但是把城邦政体和僭主政体放在一起讨论是因为它们实际上都偏离了最正确的政体,所以被归入变异政体一类。但我在最初的讨论中即指出,这些政体的变异形式才是真正的变异政体。僭主政体大可留待最后讨论,因为它是最不具备城邦政体性质的,而我们要探究的是各种城邦政体。解释过为什么采用这样的安排,让我们开始讨论城邦政体。前文既已阐明寡头政体和平民政体的特点,城邦政体的性质

---

① 指第三卷第7章和第15章。第四卷至第六卷为"第二部分"。

就比较清楚了。城邦政体一般可视作寡头政体和平民政体的混合,但混合政体倾向平民政体的惯称城邦政体,倾向寡头政体的惯称贵族政体,原因是出身高贵和受过良好教育的人大多是富有者。除此以外,富人在物质方面不虞匮乏,自然不会像其他一些人为满足物质需要而触犯法纪——正是这个缘故,富人被称为上等人和显贵。贵族政体旨在使最优秀的公民居于崇高地位,因此人们说寡头政体的统治阶层也是由贵族组成的。

1294a 城邦若不是由最优秀的公民而是由鄙俗的公民执政,根本不可能治理良好;同理,如果城邦治理不妥善,则不可能是最优秀的公民当政。良法不获遵守,就是治理不妥善。因此,我们应当区分两种意义的治理良好:一是遵守已制定的法律;一是所遵守的法律是良法(因为恶法也可能得到遵守)。遵守良法又可以分为:所遵守的是最完善的法律,或者是在特定情况下对人们来说最妥善的法律。

贵族政体的特征是按照德性分配公职。德性是贵族政体的特性,正如财富是寡头政体的特性,自由是平民政体的特性。所有这些政体中,都奉行少数服从多数的原则——在寡头政体、贵族政体和平民政体中,参与城邦治理的人中多数的决定具有最高权威。目前大多数城邦属于城邦政体形式,它们试图把穷人的自由和富人(在大多数城邦,富人一般已取代上等人的地位)的财产混合在一起。事实上,在混合政体中,人们可根据自由、财富和德性这三个要素(第四个要素是所谓出身高贵,它不过是后两项的结果,即靠祖荫的财富和德性)要求平等地参与城邦治理。所以,我们应当把混合两项要素(财富和自由)的政体称为城邦政体;三项要素合在一起的应称为贵族政体(除了正确、理想的贵族政体[1]以外,这种

---

[1] 即以德性为唯一准则的第一种形式贵族政体。

混合政体较任何其他形式的政体更配称贵族政体)。

前文阐述了在君主、平民和寡头政体以外,还有其他形式的政体存在以及这些政体的性质;各种形式的贵族政体之间的差别;各种形式的城邦政体之间的差别——贵族政体与城邦政体显然有不少相似之处。

第9章

接下来要讨论的是,在平民政体和寡头政体以外,城邦政体如何出现? 城邦政体又应当如何组建? 同时,平民政体和寡头政体的特性也会十分清楚,因为首先需要确定这两种政体的不同特性,各取一部分,像符节般拼合起来。混合政体可根据以下三种方式组建而成。第一种方式是把平民制度和寡头制度结合起来。以司法行政为例,寡头政体对不当陪审员的富人课以罚款,但对当陪审员的穷人不予补贴;而平民政体则给穷人补贴,但对富人不罚款。两种制度的结合就是采取中间立场:既课罚款亦给补贴。这也就是城邦政体的特色,因为它是两者的混合体。^{1294b}第二种混合方式是两种制度的折中。例如,寡头政体规定个人财产须达到相当高的数额才有资格成为公民大会成员;平民政体所订的数额则很低,有些平民政体甚至根本无此规定。这两种制度没有什么中间路线可言,只能两者折中,取财产数额的平均值。第三种混合方式是选取两种政体的某些制度,把寡头政体的一部分同平民政体的一部分拼合在一起。例如,在行政官的任命方面,抽签方式被视为平民政制,选举方式被视为寡头政制;无财产资格规定属于平民政制,订有财产资格规定属寡头政制。贵族政体①或城邦政体从上述两

---

① 指混合形式的贵族政体。

种政体中各取一部分——采用了寡头政体以选举任命行政官的方式以及平民政体的无财产资格规定。

检验平民政体和寡头政体是否妥善混合的一个标准是：能否称这个混合政体为平民政体或寡头政体。如果既可称之为平民政体，亦可称之为寡头政体，这说明了两者已浑然一体。这种混合也是中间路线，因为从中间立场可追溯两头极端。例如，许多人称斯巴达政体为平民政体，因为它具有许多平民政体的特点。首先是儿童的养育：抚养富人和穷人的儿子都是采取同一方式，孩童不论贫富所受的教育也相同。在少年和青年时期也是一律平等，富人和穷人之间毫无差别——集体食堂中，大家吃同样的食物；在衣着方面，富家子弟向贫穷人家子弟看齐。其次是公民享有长老院的选举权和监察院的被选举权（长老院和监察院是城邦的两个最高机构）。有些人称斯巴达政体为寡头政体，因为它具有许多寡头政体的特点。所有官职都是通过选举而非抽签方式来任命的，这是寡头政体的特点之一；仅仅少数人有权决定死刑或流放，这是寡头政体的另一特点。此外，还有许多其他类似特点。妥善混合的城邦政体似具备了两种政体的要素，又似不具备任一种政体的要素。城邦政体的稳定有赖于内在力量，而不是依靠外力——内在力量并非来自多数人赞成延续这个政体（即使是恶劣的政体，赞成其延续的人也可能占多数），而是来自城邦任何一个部分都不想更改政体。

以上阐述了城邦政体和所谓贵族政体的组建方式。

第10章

[1295a]我们还要讨论一下僭主政体，这倒不是因为僭主政体有许多值得讨论之处，只是这样做，我们的探讨就会比较全面（僭主政

体也算是政体的一种形式)。我们在第一部分已讨论过君主政体①——最通常意义的君主政体,探讨了君主政体是否有利于城邦、什么人应当成为君王、君王如何产生以及如何拥立君王。

在讨论君主政体的过程中,也谈到两种形式的僭主政体,它们都是依法建立的,因此与君主政体有重叠的地方(例如,某些野蛮部落推举的君王拥有绝对权力;希腊古代也出现过这类君王,即所谓专制君王)。这两种形式的政体是有差别的。前文说过,就君王在子民同意下依法建制而言,具有君主政体的性质;就君王凭一己好恶,实行专制统治来说,则属僭主政体。此外,还有第三种僭主政体被视为最典型的,因为它是绝对君主政体②的反面。凡是一人统治,由于不必对任何人负责,统治着与他同等或者比他优秀的人,行事完全是为了个人的利益而不是子民的利益,是为第三种僭主政体。这种政体完全违背了子民的意志,因为没有自由人愿意忍受这样的统治。

上文阐述了僭主政体一共有几种形式,各种形式的特点及其之所以出现的原因。

第11章

让我们探讨一下,对于大多数城邦来说,哪种政体最优良?就大多数人而言,哪种生活方式最优良?我们用来衡量的标准并非理想城邦的标准,也不采用芸芸众生达不到的德性标准,或者只有禀赋高、不缺资源③的人才能达到的教育标准。我们只考虑大多数人实际上能够过的生活、一般城邦能够实现的政体。上文所述的

---

① 见第三卷,第14至17章。
② 见第三卷,第14章及第16章。
③ 指财富、健康和物质资源。

所谓贵族政体,若不是大多数城邦根本不可能实现,便是类似所谓城邦政体(所以应把这两种政体当作同一种)。事实上,最优良政体和最优良生活等问题都可根据同一套基本原则来确定。如果《伦理学》①的论点成立:(1)幸福的生活就是在资源不缺②的条件下遵从德性的生活;(2)德性是选取中间③。那么,选取中间或适度的生活——这个适度是人人都能够达致的——就是最优良的生活;此外,确定民众的生活是否合乎德性的准则也应适用于城邦和城邦政体(因为城邦政体在某种意义上就是城邦的生活)。

1295b 所有城邦的民众④可以分为三个部分:十分富有、十分贫穷以及介于两者之间。大家同意中间和适度是最好的,那么,拥有适度的财产就是最好的,因为境况中等的人最听从理性。容貌出众、体魄超强、出身贵胄和富甲一方的人很难听从理性,另一极端——一贫如洗、孱弱不堪和身份最微贱的人亦复如此。

第一类人倾向于桀骜不驯,犯罪情节重大。第二类人泰半作奸犯科,但情节轻微。前一类不法行为是由于妄自尊大,后一类不法行为则是出于歹念。除此以外,中等人最不会借故推辞公职,也最不汲汲于钻营,而这两种行径对城邦都是不利的。再者,具备太多有利条件(健康、财富、影响力等等)的人既不愿意也不知道怎样服从权威。这类人态度如此恶劣,首先是家里纵容——他们娇生惯养,即使在学校也没有学会守纪律。但在另一极端,一无所有的人却太卑恭。后一类人不知怎样治理,只知道接受奴隶式的统治;前一类人根本不知如何接受统治,只懂得进行专制统治。结果是城邦不是自由人的城邦,而是主人和奴隶的城邦:前者不可一世,

---

① 亚氏所著《尼各马可伦理学》,见第一卷第10章及第十二卷第13章。
② 指财富、健康和物质资源。
③ 前引书,第二卷,第6至9章。
④ 指全体公民。

后者充满妒恨。友爱精神和共同体的习性几乎荡然无存。

友爱是共同体的柱石,如果友爱精神转变为敌意,人们甚至不愿走在同一条路上。城邦的宗旨是尽量由平等的、同一类的人组成社会,而这些人一般来说是中等人。以中等人为主体的城邦必然是治理良好的城邦,因为这种组合最合乎城邦的自然本性。

城邦中的中等民众最稳定,他们不像穷人,贪求他人的财物;他人也不会像穷人觊觎富人之所有那样,希图中等公民的东西。他们既不算计他人,亦无被他人算计之虞,大可过着安稳的日子。弗居里德的祷词说得好:

> 家道小康,其福无量;
> 栖身斯邦,但求安康。

显而易见,中等民众掌权的政治共同体是最优良的:中等公民人多势众——倘能超过其他两部分的总和,或至少超过其他任一部分——其城邦治理良好,因为中等民众只要倾向其中一方,力量对比立刻就会改变,处于极端的两头都占不了上风。因此,城邦民众拥有数量适中的财产实为社稷之福。[1296a] 如果有些人家财万贯,其他一些人一贫如洗,就有可能出现极端的平民政体,或者非混合式的寡头政体——这两种极端甚至可能造成僭主政体。僭主政体往往是胡作妄为的平民政体或寡头政体的进一步发展,极少是由中间形式或类似的政体演变而成的。个中原因待下文讨论政体变革①时加以详述。

中间形式的城邦政体显然是最优良的,它本身并无派别,原因是中等民众人数多,分党派、闹内讧的可能性反而最小。大城邦的公民较少分派别,也是这个缘故。小城邦的公民易于分为两派,非此即彼,而且这些城邦的公民几乎不是穷人就是富人。平民政体

---

① 见第五卷第 8 章。

一般比寡头政体稳定和长久,正是因为中等民众的性质——他们人数比较多,享有的名位比在寡头政体中多。如果没有中等民众,穷人占绝大多数,就会乱象丛生,城邦倾覆的日子为期不远。最优秀的立法者都是来自中等家庭,后者的优越性由是得到证明。梭伦就是其中一位,有其人诗作为证;莱喀古士是另一位(他并非君王);还有加隆达斯以及其他很多立法者。

从上述的讨论,不难明白何以大多数政体不是平民政体就是寡头政体。首先,在大多数城邦,中等民众人数一般不多,其他两部分人——富人和普通民众中任一方一旦占据上风,便摒弃中间路线,照他们自己的理念治理城邦,结果往往出现寡头政体或平民政体。更有甚者,普通民众和富人之间出现对立和冲突,无论哪一方占了上风,都不按平等原则和基于共同利益建立政府,而是夺取更大的权力作为胜利的果实,各自组建平民政体或寡头政体。再者,往昔作为希腊诸邦之首的雅典和斯巴达只着眼于本邦的政体形式,分别在其控制下的城邦建立平民政体和寡头政体。它们只考虑到自己的利益,完全罔顾受其控制的城邦的利益。由于这些缘故,几乎没有中间形式的政体,即使有,也仅在少数地方出现。所有希腊统治者中只有一人[①]被说服让城邦建立中间形式的政体。但目前各城邦1296b积习已深,甚至不追求平等,而是图谋征服他邦,倘若失败,则接受对方统治。

上文阐明哪种形式的政体最优良及理由何在。最优良政体一经确定,其他所有形式的政体(包括前文区分的各种形式的平民政体和寡头政体)可按优劣顺序排出名次。近似最优良政体的政体必然优于其他所有政体,距离中间形式政体最远的必然是最劣的政体(但在特定条件下,即使某种形式的政体较优,对某些人来说,

---

① 据学者推测,该人是色拉米尼或梭伦。

采用另一种形式的政体也许更有利)。

第12章

接下来要讨论哪些政体对哪些城邦有利以及哪种形式的政体对哪种人有利。我们首先应当掌握一个对所有形式的政体都适用的原则:一个城邦中欲维持该政体的部分必须强过欲废除该政体的部分。然而,每个城邦的组成既有质的方面也有量的方面。"质"是指自由人身份、财富、教育、出身高贵,"量"是指数量。城邦的一个组成部分也许体现了"质",另一个组成部分可能体现了"量"。例如,出身卑贱者的人数也许多于出身高贵者,穷人的数目可能多于富人,但他们数量超多未必能补其质之不足。量与质两者应当加以权衡比较,当穷人的数目超多,抵消对方在质的方面的优胜仍绰绰有余,自然而然会出现平民政体,而其政体形式将取决于民众哪类超多。举例来说,要是民众大多数是农夫,就出现第一种形式的平民政体①;要是工匠和雇佣工人占多数,即出现最后一种②政体;中间形式政体的出现亦复如此。可是,当富人和显要在质方面的优胜抵消对方在量方面的超多尚且有余时,自然而然会出现寡头政体。同理,寡头政体的形式将取决于寡头集团分子在质方面的优胜程度。

立法者应当经常把中间民众纳入体系之中,若是制定寡头性质的法律,必须考虑到中间民众的权益;若是制定平民性质的法律,也须妥为顾及中间民众。只有当中间民众的人数超过其他两部分人数之总和或者任一部分的人数时,城邦政体才能长久维持。

---

① 见上文第6章。
② 同注①。

在这种情形下,^{1297a}绝无富人联合穷人一起打倒统治者之虞,因为他们任何一方绝不愿意接受他方的统治——如果他们想寻求合乎双方利益的政体,最合适的莫过于城邦政体,理由是富人和穷人互不信任,他们绝不会同意轮流执政。然而,无论在何处,仲裁者总是各方最信任的人,而"介乎中间者"就是这样的仲裁者。城邦政体混合愈妥善,存续愈长久。一些想建立贵族政体的人往往会犯一个错误:他们不但赋予富人更多的权力,并且还蒙骗民众。弄虚作假必然招致日后的恶果,富人的僭越比民众的僭越更能瓦解一个政体。

第13章

城邦政体①为使民众误信他们享有权益,采用五类欺骗手法,这分别表现在公民大会、各种官职、法庭审判、武装和体育训练方面。关于公民大会,全体公民均可参加,但规定仅对不出席大会的富人罚款,或者规定对富人课罚远重于对穷人课罚。关于各种官职,凡是符合财产规定的富人不准凭誓言②推辞任命,但穷人却可以这样做。关于法庭的陪审职务,有些城邦规定对不到法庭听审的富人课罚,而穷人则免罚;其他一些城邦规定——如加隆达斯的法律——对不出庭听审的富人课以高额罚款,而对不出庭听审的穷人的罚款却非常少。有些城邦全体公民经登记均可出席公民大会和当法庭陪审员,但已登记的公民要是不出席大会或法庭则须缴高额罚款。这种规定以罚款胁使民众不作登记,民众由于没有登记,日后就不许当陪审员或出席大会。在武装和体育训练方面,也采用类似措施。穷人不准拥有武器,而富人不拥有武器则须缴

---

① 纽曼认为这是指混合政体。
② 系指关于健康欠佳或财产数额不足的誓言。

罚款;不接受体育训练的穷人不必罚款,但富人则不然。既然无罚款之虞,穷人就不参加,富人罚款的规定间接地驱使他们参加。

这些都是寡头政体立法者采用的欺骗手法,而平民政体在这些方面也要欺骗,但其规定恰好相反。穷人出席公民大会和当法庭陪审员可领取补贴,富人即使缺席也不罚款。如果想妥善混合这两种政体,显然应当采纳两者的要素:既给出席的穷人发放补贴,亦对缺席的富人课罚款,这样大家都会出席。倘若不把两方的要素结合,权力将集中在其中一方。

1297b城邦公民应限于有武器的人。个人须拥有多少财产才有资格成为公民,对此不可能订出绝对的标准,但可因地制宜地订出财产的最低数额,务必使有资格参与城邦治理的公民多过无此资格的人。即使穷人不能担任公职,只要不粗暴对待他们或者夺去他们所有,他们一般会知足。

但要确保不粗暴对待穷人谈何容易,因为统治者未必是仁慈的。穷人若吃不饱,战时就不愿意打仗;但肚子填饱后,就肯上战场。有些城邦的民众不但包括现役的装甲步兵,还包括服过兵役者。马里人的城邦即由这类公民组成,但出任公职者仅限于现役士兵。古代希腊的君主制度被推翻后,继之出现的第一个政体的民众都是军人,并且以骑兵为首,因为作战时需靠骑兵克敌制胜(装甲步兵若无攻守阵式是不堪一击的,而在远古时期,根本谈不上有什么兵法战术,所以军队的主力在于骑兵)。但是,当城邦数目增加,装甲步兵人数愈来愈多,参与城邦治理的人数剧增,城邦政体直至如今被称为平民政体的原因在此。古代政体属于寡头政体或君主政体是理所当然的,由于人口少,中等人不多,加上缺乏组织,所以民众甘于接受统治。

上文阐明了:政体何以有各种形式,现有的形式何以比一般假定为多(因为平民政体的形式以及其他政体的形式都多过一种);

各种政体的差别为何,出自何处;一般来说,最优良的政体为何,哪种形式的政体最适合哪种人。

第14章

接下来讨论组建各种政体的正确方法,不但探究一般政体的正确组建方法,而且也探究特定政体的正确组建方法。每个政体都有三项要素,胜任的立法者应当逐项地研究何者对政体有利,如果这些要素安排妥善,政体必然治理良好;如果这些要素的安排不同,政体也就不一样。第一项要素是议事机能,专门审议共同事务;[1298a]第二项是行政机能(各种官职的职守和权限为何,官员的委任方法);第三项是司法机能。

议事机能方面的权限包括战争与和平事宜;结盟和解盟事宜;制定法律;死刑、放逐和财产充公的裁定;委任行政官员,并在后者任期届满时向其问责。议事权力的委任不外乎以下几种方式:所有事项交付全体公民决定;所有事项交付一些公民决定(例如,全部托付一个或几个官员,或者把一些事项托付一些官员,其他一些事项托付其他一些官员);把一些事项交付全体公民,其他一些事项交付一些公民。让全体公民对所有事项做出决定是平民政体的特征,这种平等正是人们所企求的。不过,这可以通过各种不同的途径来实现。第一种途径是,全体公民轮番举行会议进行议事,而不是集合在一起议事,有如米利都人特勒克里所创立的政体。在有些政体中,各个行政委员会举行联席会议议事,但这些委员都是轮流担任,而且选自各个部落或城邦基本单位,直到每个部落或单位都有代表出任后再从头开始。联席会议的举行完全是为了制定法律、处理政体事宜以及听取行政官员报告。第二种途径是,公民举行全体会议,但完全是为了选举行政官员、制定法律、审议战争与和平事宜以及向行政官员问责。其他所有事项一概发交专职官员审理,而后者是从全体公民通过选举或抽签方式选出的。第三种途径是,公民举行会议以选举官员和向官员问责,并且审议战争或结盟事宜,但其他所有事项均交与官员处理。这些官员尽量通过选举予以委任,并且必须具备有关的专门知识。第四种途径是,公民举行全体大会,审议所有事宜;而行政官员仅负责进行初步调查,不做决定,这也就是极端的平民政体的运作方式。前文曾提到,这种政体可比拟"权阀"或寡头政体、僭主或君主政体。

上述四种途径都属于平民政体。倘若所有事宜仅由一些公民进行审议,则属于寡头政体,而这也可以通过各种不同的途径来实现。第一种途径是,凡拥有适量财产的公民即有资格被选为议事机构的成员,这样可以参与议事的公民人数就相当多;议事机构的成员应当遵循成法,凡法律禁止更张的事项,他们都不得要求变革;须具备相当数量财产才能参加议事的规定本是寡头政体的特征,但由于数量订得比较低,便带有城邦政体的色彩。第二种途径是,议事机构成员限于若干选定的人,符合财产资格的其他公民并不享有参与议事的权利,尽管也规定议事机构的成员须遵循成法,[1298b]但是寡头政体色彩浓厚。第三种途径是,职司议事者以增补方式互选,父子相传实行世袭,其权力高于法律,这无疑是极端的寡头政体。但是,如果由某些公民管理某些事项——例如全体公民决定战争与和平事宜并且向官员问责,其他一切事项则由行政官员处理(这些官员通过选举或抽签方式选出),这样的政体属于贵族政体或城邦政体。如果某些事项由经选举产生的官员审议,其他一些事项由经抽签产生的官员审议(或全体公民均可参加抽签,或只限经过筛选的公民抽签),或者由选举方式产生的官员和抽签方式产生的官员组成的机构审议,这样的政体部分属于贵族政体,部分属于真正的城邦政体。

上述各种形式的议事机构各自有其相对应的政体形式,各种形式的政体采取所述途径之一安排议事机能。就目前被视为最彻底的平民政体(民众拥有的权力甚至高于法律)来说,如果在出席法庭方面采用寡头政体的做法将是有利的,因为这能使审议水平提高。寡头政体用罚款措施迫使它属意的公民出席法庭(平民政体则给穷人发放补贴诱使他们出席),公民大会采用这种措施是有利的,因为这能确保显贵和平民都出席大会,而有双方参与的审议,考虑问题总是比较全面的。除此以外,宜乎从社会各个部分以选举或抽签方式选出数目相等的人参加审议。如果平民的人数大大超过有治理经验的显贵,宜乎不给所有平民发放出席大会补贴,领取出席大会补贴的人数应与显贵的人数相等,或者以抽签方式选出与显贵人数相等的平民。

就寡头政体来说,议事机构接纳平民为成员是有益之举,或可采取以下措施:像某些城邦一般,设置"议事预审会"或"法律监护会"之类的机构,先就任何受理事项加以审议,再提交公民大会处理(这样一来,民众均享有审议权利,但不能废除政体的任何成规)。寡头政体也可以采取这样的措施:民众可投票通过预审会的提案,但不可通过与之相悖的决议,或者是民众均可参与审议,但只有官员才能做成决议。实际上,这恰恰与城邦政体的做法相反:在提案的否决方面,民众拥有最高权力,但在提案的通过方面,民众并无此等权力,民众通过的任何提案须发交官员审议。城邦政体的做法则是:少数人在提案的否决方面拥有最高权力,但在提案的通过方面并无此等权力,他们通过的任何提案[1299a]须发交民众讨论。

我们对城邦最重要的议事机能分析如上。

第15章

接着要讨论的是行政机能。行政机能也像议事机能一样,可以有各种不同的安排。行政机能在官职数目、职司以及任期方面各有差异(在某些城邦,任期是半年;有些城邦的任期比较短;有些则为一年;还有一些任期更久)。我们不但需要就任期长短的利弊得失做一比较,而且需要做一般性的探讨:各种官职应行终身制,还是长时期任职,抑或任职期间应较短暂?出任同一官职只能一次,抑或可出任一次以上?除此以外,还有一点要考虑,即任命方式。这又引起以下三个问题:谁可以受任?由谁来选举?如何进行选举?首先我们应确定可能的方式有哪些,然后再断定哪种方式适合哪一种形式的政体。

所谓行政机构实际上包括哪些人员,这个问题不容易回答。城邦这个政治共同体需要多种不同的行政人员——他们人数颇多,不能全部称为行政官员,即便有些人员是经由抽签或选举方式任命的。首先以祭司为例,其职司异于行政官员。负责剧团演出的行政人员、传令员乃至衔命出使者亦然。一般公职可分为三类:第一类属于政治方面,在某些职司范围内,管理全部公民(例如,将军管理服兵役中的公民)或者一部分公民(监护妇女或儿童的官员)。第二类属于经济方面,例如,许多城邦经常选派官员分配玉米。第三类属于杂务方面,在富有人家通常是由奴隶来做的一类工作。整体来说,称得上行政官员的是那些负责某些事项的审议、决定和发出命令的人。特别是发出命令的人,因为这最能反映权威的行使。实际上,行政官员的定义问题并不重要,因为从未有人申请法庭释义,尽管这是一个可以进一步探讨的课题。

我们来谈一个具有现实重要性的问题。对于城邦的存在来说,哪些公职是必要的?一共有多少?哪一些虽非必要但对城邦治理有利?

在大邦,官员各有职司——这不但做得到,而且也有必要,因为公民人数多,能出任公职者也多,因此有些公职只准出任一次,有些公职则需要一段长时间间隔才准再度出任。再者，官员专司一职当然较身兼数职的效果好些。

^{1299b}在小邦，不得不由少数官员一身兼多职。由于公民人数不多，许多人同时出任公职势必难以办到——即使出任又由谁来接替他们呢？有时候小邦确实也需要像大邦一样，设置相同的公职、规定任期和职司。然而，两者的差别在于：大邦的官员经常要执行公务，而小邦则偶尔为之。小邦尽可能让官员身兼数职，因为这些公务执行起来互不妨碍，何况人口本来就不多，行政官员"一物多用"也是必要的。如能确定每一城邦须设置多少个必要的公职，又有多少个公职并非必要但却应予设置，那么就比较容易知道哪些公职宜于合并。

还有一个问题不宜忽视：哪些事项应由分驻各地的行政官管辖？哪些应由一位行政官集中管辖？例如秩序的维持，应由各地市场监管维持各自市场的秩序，抑或设置一名总监管来维持城邦内各个市场的秩序？再者，应当按照事务本身，还是按照对象设立职司？例如，应否由一位官员专司秩序维持事宜，抑或由一位官员专司监护儿童，另一位官员专司监护妇女？尤有进者，各种形式的政体的行政机能是否相同还是各有不同？例如，同一职司在平民政体、寡头政体、贵族政体是否享有同样的权力，尽管出任公职者不是同一等人或同一类人（不同形式的政体出任公职者身份迥异——在贵族政体中属受过教育者，在寡头政体中属富人，在平民政体中属自由人）。抑或说，行政机能和官员因政体形式不同而各异，在有些情形下，同一职司是有利的，在其他一些情况下则不然（例如，在某些政体中，某一职司宜乎拥有广泛的管辖权，但在其他一些政体中，该职司的管辖权最好是有限的）。

有些特别行政机构是某种形式的政体所独有的。例如，议事预审会。尽管普通议事会是平民政体的机构，但预审会不具有平民政体的性质。为确保公民大会能够顺利地处理它所管辖的事务,确有必要设立预审会这样的机构——由于成员数目有限,预审会通常带有寡头政体性质。如果城邦的行政机构包括普通议事会和预审会,后者对前者发挥制衡作用,因为后者属于寡头政体行政机能,而前者则属平民政体行政机能。在极端的平民政体中,出席公民大会者可以领取数目不菲的补贴——1300a有闲暇者经常出席大会,自己决定所有一切事宜。这样一来,议事会的行政机能往往被削弱。至于专司监护妇女和儿童的行政机构或者任何类似公职,在贵族政体较在平民政体中合适(穷人的妻子要外出,谁能拦得住?)。这些职司对寡头政体也不合适,统治者的妻子矜贵奢华,监护谈何容易?

　　这些问题的评论到此为止。现在阐述一下行政官员的任命。这方面包括三项因素:(1)谁负责任命?(2)谁可受任命?(3)任命的方式。每一项又有两类选择。三项因素和两类选择的不同组合包罗了任命官员方面的一切可能方式。所谓两类选择包括:(1)所有公民均可任命抑或只有某些公民可任命;(2)所有公民均可受任抑或只有某些公民可受任,而受任的资格或是财产或是自由人出身或是德性或是一些类似条件(如麦加拉,唯有过去曾一起同普通民众作战、被放逐归来的人才具备资格);(3)可通过抽签或者选举予以任命。由此产生的各种类别还可以细分如下:由某些人任命其他一些人;由全体任命某些人;全体均可受任某些公职;某些人可受任某些公职;某些人经由抽签方式委任,其他一些人经由选举方式委任。

　　[每一种类别均可有四种方式。由全体公民任命行政官的类别包括:(1)从全体公民中以选举方式委任;(2)从全体公民中以抽签方式委任(可逐一部分——例如部落、区、氏族等——以抽签方式选举,依次任命,直到各部分的人都受到任命,或者每次都让全

体一起抽签);(3)从一部分公民中以选举方式委任;(4)从一部分公民中以抽签方式委任(但负责任命的全体公民可能在某些公职的委任上采用上述某种方式,而在其他一些公职的委任上采用上述另一种方式)。同样地,由一部分公民任命行政官的类别包括:(1)从全体公民中以选举方式委任;(2)从全体公民中以抽签方式委任;(3)从一部分公民中以选举方式委任;(4)从一部分公民中以抽签方式委任(负责任命的一部分公民可在某些公职的委任上采用上述某种方式,而在其他一些公职的委任上采用上述另一种方式。例如,对于某些公职,可"从全体公民中以选举方式委任",而对于其他一些公职,则"从全体公民中以抽签方式委任";或者对于某些公职,可"从一部分公民中以选举方式委任",而对于其他一些公职,则"从一部分公民中以抽签方式委任")。如果其他两种组合不算在内,总共有十二种方式。

这些任命方式之中,有两类是属于平民政体的:(a)全体公民以选举或抽签方式从全体公民中委任行政官;(b)全体公民以选举和抽签方式从全体公民中委任行政官,在一些公职的任命上采用其中一种方式,而在其他一些公职的任命上采用另一种方式。下列任命方式具有城邦政体的特点:(a)全体公民经由选举或抽签,或者选举和抽签从全体公民中委任行政官,但运作方式是逐一部分,依次任命,直到各部分的人都受到任命,而不是同时一起任命;(b)全体公民在一些公职的任命上,从全体公民委任行政官,但在其他一些公职的任命上,则从一部分公民中委任(经由选举或抽签,或者选举和抽签);(c)一部分公民从全体公民中委任行政官,在一些公职的任命上采用选举方式,而在其他一些公职的任命上采用抽签方式(这是倾向于寡头政体的城邦政体);(d)一部分公民既从全体公民中委任行政官,又从一部分公民中委任行政官(在一些公职的任命上,从全体公民中选拔,而其他一些公职则从一部分公民中选拔),而选拔方式包括一律经由选举,或者一律经由抽签,或者一些公职经由选举,其他一些公职经由抽签(这种城邦政体近似贵族政体)。¹³⁰⁰ᵇ适宜于寡头政体的任命方式是一部分公民从另一部分公民中选拔行政官——经由选举、抽签或者两者的混合。最后,适宜于贵族政体的任命方式是不论一部分公民从全体公民中选拔,还是全体公民从一部分公民中选拔,一律经由选举产生。]①

行政官的任命方式包括了这许多种,而不同形式的政体有相对应的任命方式。在确定各职司的权限时,可以看出哪种规定对哪类人有利以及应当如何委任行政官。所谓权限系指管理诸如城邦收入或国防等等的权力——权力因职司而异,例如,将军的权力大大有别于市场契约监管的权力。

第16章

政体的司法机能是我们要讨论的最后一种行政机能,我们将本着同一原理,审议各种形式的司法机构。法庭种类的决定因素包括:(1)由哪些人组成法庭?(2)法庭审理哪些案件?(3)法官的任命方式。法官是否从全体公民中选拔,抑或从一部分公民中选拔?法庭有多少种类?法官是经由选举还是抽签产生?

首先应确定法庭有多少不同的种类。法庭一共有八种:(1)考核行政官业绩的法庭。(2)审理危害城邦利益罪行的法庭。(3)审理政体事宜的法庭。(4)审理刑罚上诉案(无论是由行政官员还是私人提出)的法庭。(5)审理私人高额契约纠纷(涉及大笔款项)案件的法庭。(6)审理杀人案件的法庭。审理杀人案件的法庭有

---

① 方括号各段依纽曼英译本的订正案文。许多学者认为原著该部分有些文句可能有误。

四种,或由同一批法官审理,或由各批不同的法官审理。第一种法庭审理蓄意杀人案;第二种法庭审理过失杀人案;第三种法庭审理的案件是犯人坦承杀人,但自称杀人有理;第四种法庭审理起先因过失杀人罪遭放逐,回来后犯蓄意杀人罪的案件。例如,雅典的"弗里阿托法庭"①就属于第四种法庭,但即使在大邦,这类案件也十分罕见。(7)审理外邦人案件的法庭。专司审理外邦人的法庭也有两种:第一种法庭审理外邦人之间的案件,第二种法庭审理外邦人与公民之间的案件。(8)审理私人小额契约纠纷(涉及小笔款项,数额为一特拉赫马或五特拉赫马或略多)的案件——这类案件须经法庭审断,但不需要许多陪审员。

我们不必讨论受理琐细纠纷、杀人案件或外邦人案件的后三种法庭,值得注意的是专司审理政治性案件的前五种法庭。政治性案件倘若不妥善处理,就可能引起社会内讧和政治动乱。

如果全体公民皆有资格当陪审员,将有下列几种制度:(1)从全体公民中以选举方式委任陪审员,审理前述所有各类案件;(2)从全体公民中以抽签方式委任陪审员,审理前述所有各类案件;(3)从全体公民中,部分以选举方式、部分以抽签方式委任陪审员,审理所有各类案件;(4)从全体公民中委任的陪审员,只准审理前述的某几类案件,而这几类案件的陪审员部分经由选举产生,部分经由抽签产生。^{1301a}从全体公民中委任陪审员一共有四种不同的任命方式。如果从一部分公民中委任陪审员,也有四种方式:(1)从一部分公民中以选举方式委任陪审员,审理所有各类案件;(2)从一部分公民中以抽签方式委任陪审员,审理所有各类案件;(3)从一部分公民中以选举方式委任陪审员,审理某几类案件,另从其他部分公民中以抽签方式委任陪审员,审理其余各类案件;(4)审理

---

① 过失杀人罪处刑为放逐一年。犯者归国尚未办好定居手续,若又被控蓄意杀人,须在弗里阿托法庭受审。被告人立于船中,法官在岸上审讯。

同类案件的法庭可以从一部分公民中以选举方式委任陪审员,从另一部分公民中以抽签方式委任陪审员。后四种方式与前四种是完全相对应的。

再者,任命方式是可以混合的,也就是说,可以从全体公民中委任一些法庭的陪审员,从一部分公民中委任其他一些法庭的陪审员。有些法庭可以有混合的陪审员,即有些陪审员是从全体公民中产生,其他一些陪审员是从一部分公民中产生。除此以外,陪审员可经由选举,或经由抽签,或选举和抽签两者相混合的方式产生。

以上列举了组成法庭的所有各种可能方式。第一种方式,即从全体公民中委任陪审员审理所有各类案件,属于平民政体性质;第二种方式,从特选的公民中委任陪审员审理各类案件,属于寡头政体性质;第三种方式,一些陪审员从全体公民中选出,其他一些陪审员从特选的公民中委任,适宜于贵族政体和城邦政体。

第五卷

第 1 章

我们想探讨的各类情况,差不多已逐一讨论过。接着需要讨论的问题包括:(1)政体发生变革的原因是哪些?性质为何?有多少种类?(2)导致政体覆灭的原因是哪些?(3)哪种形式的政体容易发生变革?通常会转变为哪种形式?(4)政体得以维持的一般原因何在?各种形式的政体得以维持的特殊原因何在?(5)每种形式的政体的最好维持方法为何?

我们首先假定:许多形式的政体之所以建立正是因为人们服膺公平和相称平等原则,然而前文也提到①此等原则没有得到落实。平民政体的立论是:在任何一个方面大家相等,大家就完全平等,在所有方面都平等(人们总是认为大家同样是自由人出身,地位平等,所以大家完全平等)。寡头政体的立论却是:少数人在某些方面与人不相等,在各个方面都与人不相等(寡头在财产方面胜过他人,就认为在各个方面都胜过他人)。平民政体人人地位平等,从而要求一切平等;寡头政体以少数人比他人优越,要求享有更多的权益,即是与他人不相等。这些形式的政体都体现了某种公正,但并不是绝对的公正。由于这个缘故,任何一方在政府中享有的权利若不符合他们所企求的,就会鼓动变革。德性卓越者若

---

① 见卷三,第 9、12 和 13 章。

起来提倡变革,其理由应当是最充分的(只有他们真正称得上与他人完全不相等)¹³⁰¹ᵇ,可是他们极少有这样做的。而有些人出身高贵,与他人不相等,据此要求享有比别人更多的权利——凡是祖先富而有德,通常视为贵胄出身。一般而言,这些都是政治动乱的起因或根源。由此产生的变革有两类:第一类,以变更既有政体为目的,例如,平民政体变更为寡头政体,或者寡头政体变更为平民政体,或从这些政体变更为城邦政体和贵族政体,或者反之。第二类,不以变更既有政体为目的,变革倡议者愿意保留原来形式的政府(例如,寡头政体或君主政体),但必须由他们接掌。除此以外,还有一个程度的问题。例如,寡头政体可变得更集权或者权力下放更多,平民政体可变得更加平民化或者比较不平民化。同样地,其他形式的政体可变得更严格,或者宽松些。再者,可以变更政体的某一部分为目的,例如,设置或废除某些行政机构。据说,吕桑德曾试图废除斯巴达君主制,鲍桑尼阿斯王曾经设法取消监察制度。又如在埃比丹诺斯,政体做了部分变更,设立议事会以取代部落长老;但直至如今,在选举委任行政官时,统治集团的成员必须出席公民大会,而该政体的行政首长只设一人,这属于寡头政体性质。各邦的内讧皆因不平等而起,总而言之,内讧出自某类公民未能享有相称权利的不平等情况(在同等人之中,君主终身制即为一例)——发生内讧往往是为了要求平等。

　　平等有两种:数值平等与比值平等①。前者系指数目或大小相同或相等,后者系指比值上的相等。例如,3 多于 2 之数与 2 多于 1 之数相等;而 4 多于 2 之数与 2 多于 1 之数比值相等,因为 2 是 4 的一半,1 是 2 的一半。尽管人们同意政治权利按才德分配②是完

---

　　①　政治权利的分配应以比值平等为依据,此说见柏拉图《法律篇》,757E。
　　②　假定甲的才德是乙的才德的两倍,城邦政府规定甲的政治权利是乙的政治权利的两倍,因为在比值上这是平等的。

全公正的,但如前文所述,分歧在于有些人认为他们在任何一方面平等就应当完全平等,其他一些人则认为他们在任何方面优越就应当各方面都高人一等。于是产生了两种主要形式的政体:平民政体和寡头政体。出身高贵的有德之人有如凤毛麟角,至于财富和人口,数量毕竟比较多,所以无论在哪个城邦,都找不出百名具备德性的贵胄;但在许多城邦[1302a],却能找到许多富人和许多穷人。完全地、绝对地根据上述任何一种平等观念组建政体是行不通的,这些形式的政权历来不能长久就是明证。原因很简单:一开始就犯了根本性错误,必定以失败告终。我们的结论是,应当采用两种平等的观念,在有些情况下,根据数值相等观念;在其他一些情形下,根据比值相等观念。

比起寡头政体,平民政体似较安全,一般不易发生变更。这是因为寡头政体不但有少数统治集团自相倾轧的危险,还有少数集团与普通民众相斗争的危险;平民政体则只有同少数统治集团冲突的危险,民众内部的矛盾可谓无足轻重,不会造成严重的冲突。由中等人组成的政府近似平民政体,不似寡头政体,因此是所有不完善形式的政体中最安全的。

第2章

在进一步探讨纷争冲突和政体变更如何发生以前,应该确定一般的起因和根源。笼统地说,起因和根源分三类,包括:(1)哪些情况会引起纷争冲突;(2)为了哪些目的;(3)政治动乱和分裂冲突的各种起因。现逐一简述如下。

前文已提到,一般来说,公民之所以想变更政体,主要是因为企求平等。如果人们认为与他们同等的人所享有的权利比他们多,就会拉帮结派;如果人们自命比别人优越,要求高人一等的权利,但认为所享有的权利没有超过那些远不如他们的人(而是相同,甚至更少),也会搞小集团。这些主张可能有些道理,也可能全无道理。低人一等者起来造反以求平等,与人同等者作乱以求高人一等,这可以说是变更政体的心态。

变更政体是为了利益和荣誉,也有为了避免损失和蒙羞的——有些人在国内发动党派斗争纯粹是为保全个人或朋友的颜面,或者规避刑责。

关于触发前述心态和企求变更政体的起因和根源,按照某种论点,一共有七种,但按照另一种观点,还不止七种。其中两种即(1)利益和(2)荣誉,与上述的两种目的正好相同,然而其作用却不一样。人们因利益和荣誉互相倾轧,不是为了得到利益和荣誉(这属于前文所述的情况),而是认为别人所得到的比他们[1302b]多(不管情况合理还是不合理)。其他五种起因和根源包括:(3)僭越;(4)恐惧;(5)权势过大;(6)鄙视;(7)城邦内有些部分过度增长。除此以外,还可包括其他种类的起因:(8)选举谋略;(9)为政松懈;(10)怠忽小节;(11)城邦各部分的相异性。

第3章

在所有这些原因中,僭越和贪婪所产生的影响以及如何导致政体变更是相当明显的。当政者骄矜侮慢、贪婪自肥,公民于是结党谋反——他们不但互相攻击,也攻击赋予当政者权力的政制;当政者仗权有时占夺私人财产,有时吞没国家财富。荣誉所起的作用以及如何造成内讧也非常明显。人们看到别人得到荣誉,自己却得不到,就会结党叛乱——得到不应有的奖赏,或者得不到应有的奖赏,都是不公正的,只有论功奖赏才是公正的。再者,权势过大——举例说,个人或少数人权力过度膨胀,威胁到城邦和政府的权力——是造成政体变更的原因。权势过大的情形往往会导致君主政体或者家族式的寡头政体。有些城邦有鉴于此,采取放逐政策,阿尔戈斯和雅典就是例子。但是,与其等到权倾一时再谋求补救之道,倒不如从一开始就加以防范。

对于两类人来说,恐惧会导致叛乱。一类人触犯法纪,害怕受处分;另一类人预期可能会受到不公正对待,想在被冤屈之前先发制人。举例来说,罗得斯岛的显贵由于民众要对他们提起诉讼,就联合起来率先向民众发难。鄙视也是造反叛变的原因之一。

在寡头政体中,倘若大多数人不能参与城邦治理,他们会认为己方势力较强,于是起来造反。在平民政体中,富人对各地混乱、无秩序十分鄙视。举例来说,在忒拜,于奥诺福太战役后,平民政体倒行逆施,终告崩溃。又如麦加拉的平民政体,因城邦混乱、无秩序而战败,政权随之瓦解。叙拉古的平民政体招致鄙夷,未几僭主葛洛取而代之。罗得斯岛的平民政体一如前述,当地显贵率先发动政变。

城邦内任何部分过度增长也会引起政体变更,这可比拟为身体由许多部分组成,各部分的增长要均衡,才能保持对称。如果脚长到四肘距那么长,而身体的其余部分仅有二指距的长度,原有的身体不就消亡了吗?要是身体不正常地增长,不仅是量的方面也包括质的方面,人甚至会变成另一种动物。① 城邦的情况亦复如此,1303a 城邦同样有各个部分,其中一个部分往往不知不觉地过度增长。例如,平民政体或城邦政体的穷人数目。这种情况有时是机遇所造成的,例如,塔林顿在波斯战争之后,与耶比吉亚人作战,是役战败,显贵伤亡惨重,结果城邦政体变更为平民政体。又如,在阿尔戈斯,当年该国军队为斯巴达王克勒奥米尼于初七日所击

---

① 例如脚变为蹄。

溃后,不得不让一些农奴入籍为公民,以充实兵员。在雅典,在伯罗奔尼撒战争期间,陆战屡次败北,由于陆军兵员来自富户①,显贵人数骤减。在平民和其他形式的政体中,城邦内有些部分过度增长也会造成政体变更,尽管并不常见。如果富人数目大增或者财富剧增,平民政体会变更为寡头政体或"权阀"统治。

政体形式也会因选举谋略而变更,即使城邦没有发生真正的政变。例如,在赫拉伊亚,选举行政官时,到处拉票者往往会当选,于是便改为抽签方式任命。有些政体则是因为松懈大意而变更。在欧里俄就是如此,让心怀不轨的人晋升最高官位——赫拉克一旦上台就废除寡头政体,推行平民政体,或者更贴切地说是城邦政体。

再者,如果忽略细微的改变,整体政体的巨变可能会悄然出现。例如,在安布拉基亚,鉴于官职的财产资格订得很低,一般认为财产资格的有无关系不大,最终完全取消。

民众在未培养出同舟共济的意识以前,种族相异可能引起叛变和内乱,因为一个城邦不可能由乌合之众组成,也不可能仓促间组建。在建国时或建国后收纳了异种人的城邦大多数会发生内乱。例如,阿该亚人和特罗埃岑人一起建立了叙巴里斯城,阿该亚人世代繁衍,后来人数远远超过特罗埃岑人,便把后者驱逐出城,叙巴里斯人因此受到诅咒②。叙巴里斯人与另一民族定居图里奥伊,两族后来发生冲突,叙巴里斯人认为该处土地属于他们,要求享有较多的政治权利,但结果被驱逐。在拜占庭,后期定居者密谋陷害早期定居者,阴谋外泄后被后者武力驱逐。安底萨人原先接纳了凯俄斯岛的流亡者,但后来又武力驱赶他们。赞克里人接纳

---

① 在伯罗奔尼撒战争期间,雅典陆军由富户公民充当,海军则由家境差的公民充当。在亚里士多德时代,陆军主要由雇佣兵充当。

② 此处可能指叙巴里斯城于纪元前510年被摧毁一事。

了萨莫斯人,结果被后者驱逐出故土。尤克琴海上的阿波罗尼亚人引进另一族人定居该地,其后发生政变。叙拉古人在僭主时代结束后,[1303b]让外邦人和雇佣兵入籍为公民,最终导致叛变和内战。安菲波里斯人在接纳卡尔西迪亚人定居该地后,几乎悉数为后者驱逐。

前文已说过,在寡头政体中,民众之所以发动政变是因为他们受到不公平的对待:尽管他们是同等人,却未能享有同等的权利。在平民政体中,显贵起来叛乱,则是因为他们并非同等人①,却享有同等的权利。

如果一国领土的自然环境不宜于作为单一城邦,地理位置也会引起内部冲突。例如,克拉左美奈地区的丘特罗人就与岛上的居民不和,科罗本人同诺底安人也有纷争。在雅典,外港比雷埃夫斯的居民比城里的居民更支持平民政体。以战场为例,一条横在前面的小壕沟,可拦阻向前挺进的军队。各项差异都有可能造成分歧和对立,也许善与恶是最大的对立;其次是富与贫;还有其他引起对立的因素,程度或轻或重,而地域的差异便是其中之一。

第4章

动乱起初也许出自琐细事端,但继之而起的冲突却是利害攸关的问题。尽管起因微不足道,但如果牵涉到统治集团,事态也许会极其严重。古代叙拉古就发生过这类事情:两位年轻官员之间的情仇竟引发一场内乱。传说一位官员离家外出,同僚趁机夺走了他的情人②;前者非常恼火,于是勾引该同僚的妻子作为报复。两人各自拉拢权势人物撑腰,结果公民大众全被卷进去,酿成内

---

① 他们自觉高人一等。
② 意指同性恋者。

乱。这件事的教训是，这种事从一开始就必须防范，领袖和权势人物之间的争执应当立刻调停。错全在开端，常言道，良好的开端是成功的一半，开头小错，危害之大不亚于其后各个阶段错误的总和。一般来说，显贵之间要是有纷争，会把城邦全体卷入——波斯战争之后，在赫斯狄亚所发生的事情便是一个例子。一个父亲有子二人，两人因分遗产发生争执，富有的儿子不肯透露父亲财产的总数和珠宝的藏处，结果贫穷的儿子争取到普通平民的支持，而富有的一位则有许多富人为他助威。

又如在德尔斐，有一次动乱始于一桩婚事的争执。[1304a]事缘新郎前往迎娶时自称见到不吉之兆，仓促间弃新娘而去。对此，女方家人引为奇耻大辱，于是趁该男子献祭时觉察不易，暗置圣庙之物于祭品中，然后诬指他盗取圣物予以诛杀。

在米利提尼，一连串不幸事件发端于对女继承人婚事的争执，最终引发一场战争。话说米利提尼巨富蒂莫芬尼死后遗有两女，一位名叫德克山德罗的公民为自己的两个儿子提亲遭拒，恼羞成怒，煽起动乱。他身为雅典代办①，借机不断鼓动雅典人出兵干预。战争的结局是雅典城被帕契斯攻陷。

在福基斯，也发生了关于女继承人婚事的类似争执。当事人是麦纳逊的父亲麦纳西阿斯和奥罗马库斯的父亲欧苏克拉底，结果引起福基斯人内乱，这正是全邦圣战的启端。在埃庇丹诺斯，一桩姻亲纠纷造成了政体变更：某人把女儿许配给一青年，而该青年的父亲当官之后，因事课罚女父。后者视之为耻辱，于是联合所有不具有公民资格者，一举推翻该政权。

由于行政机构或者城邦的其他一些部分声望日隆或权力愈来愈大，政体也会变更，或为寡头政体，或为平民政体，或为城邦政

---

① 他是米利提尼公民，于该城邦代理雅典人的事务。

体。例如,雅典的元老院,在波斯战争期间,名望如日中天,大有进一步把持政权之势。尔后,由普通平民组成的海军在萨拉米斯一役中大捷,从而奠定了雅典的海上霸权,结果是平民政体得到巩固。在阿尔戈斯,显贵集团在曼提尼亚战役中击败斯巴达,功勋彪炳,借机变更平民政体。叙拉古之所以能够打败雅典,主要是靠普通平民,于是把城邦政体变为平民政体。在卡尔基,平民联合显贵驱逐了僭主福克索斯,接着控制了政权。安布拉基亚的情况与此十分相似,平民与阴谋篡位者合作,赶走了僭主伯里安德,然后把旧政体变更为平民政体。

我们应记取的历史教训是:凡是巩固本邦权力者,不论是私人、官员、部族或者城邦的其他任何部分,通常易于引起内讧或有人忌妒他们的丰功伟业而煽动叛变;或他们自觉高人一等,不愿意处于与他人平等的地位。

城邦内对立的部分,例如富人与穷人,在势均力敌,同时几无中等人左右局势的情况下,也会发生内乱——1304^b倘若任何一方显然占据优势,后一方反而不会贸然向其发动攻击。也由于这个缘故,永远属于少数的有德之人通常不会煽起叛变。以上综述了造成各种形式政体动乱和变更的一般起因和根源。

除此以外,政体变更有两种施行方式:诉诸武力或从事诈欺。在发动政变之际或其后,也许会动用武力。诈欺也有两种不同的方式。第一种方式是:叛变者在第一阶段骗取民众的信任,让大家同意变更政制;一旦进入下一阶段就违背民众的意愿,靠武力来维持统治。例如,雅典的"四百人专政"[①]便是如此。他们欺骗民众说波斯王承诺提供军费给雅典同斯巴达作战,条件是雅典改变政制。在民众上当之后,他们一直抓住权力不放。第二种方式是:起初叛

---

① 发生于纪元前411年。

变者说服民众支持政体变更,之后又不断做他们的工作,使他们继续接受其统治。

各种政体变更的原因概述如上。

第5章

我们应当根据上述的一般性原理,就各种形式的政体逐一地审视个别实际发展情况。

平民政体的变更通常是大众领袖①言行放肆所引起的。有的时候,他们个别地诬告富人,以致富人被迫联合起来(大难临头,仇敌也会联手)。有的时候,他们煽动民众反对全体富人。这类事例实在不胜枚举。

在科斯岛,平民拥戴一些居心叵测的大众领袖,显贵于是联合起来推翻了平民政体。在罗德斯岛,大众领袖推行给民众发放补贴的制度,后来为筹措这笔公费,把应付给船舶长老的造船费克扣挪用,结果害得后者被船匠控告拖欠薪资,船舶长老被迫联合起来推翻平民政权。赫拉克里亚建邦不久,其平民政权便被颠覆。这是因为大众领袖无端迫害显贵,把他们驱逐出境,其后,显贵集体回来推翻该政府。麦加拉的平民政体覆亡的过程与此十分相似,大众领袖为了充公显贵的财产并将其瓜分给民众,把许多显贵予以流放。被流放者人数愈来愈多,后来他们集结起来,打回本邦,击败民众,建立寡头政体。^{1305a}库墨的平民政体也遭遇了同样的命运,为斯拉苏马可所推翻。据我们所知,希腊城邦的政变大都是这类性质。大众领袖有时候为了讨好民众,对待显贵不公平,以致后

---

① 亚氏所指的"大众领袖"带有贬义,泛指野心勃勃,哗众取宠,蛊惑群众,擅长煽动演说的领袖人物。

者联合起来造反。他们或加重富人对城邦的义务①,使其收入锐减,甚至得变卖家产来抵税;或诬告富人,以便能够把其财产充公。

在古代,每当有人集将军和大众领袖于一身,就会把平民政体变为僭主政体——早期的僭主大多数是大众领袖出身,如今却非如此,这是因为古代的大众领袖都是将领,当时还未出现雄辩滔滔的演说家。在演讲术风靡天下的今天,演说家一跃而成民众的领袖——但这类人不谙军事(偶然有一两个属于例外),这成为他们篡夺城邦大权的障碍。僭政昔日较多还有另外一个原因:对个人委以重要官职,例如,在米利都,僭政之所以建立是因为司拉绪布卢曾任参政院院长,在许多重大事宜的决定上拥有最高权力。再者,往昔城邦规模不大,民众大多散居郊野从事农耕。他们的首领如果熟谙军事,即有机会成为僭主。他们借着对富人的敌视,博取民众的信任,然后趁机建立僭政。在雅典,佩西斯特拉托带领民众攻击平原上的家户②,功成后自居僭主;在麦加拉,忒阿根尼斯发现富有地主的牲口放牧于河边公地吃草,将之全部宰杀,他其后也成为僭主。又如,在叙拉古,狄奥尼修斯告发了达夫那乌斯及其他富人,他对显贵的仇视赢得民众的拥戴,被视为平民代表人物,但其后则摇身一变成为僭主。

平民政体渐次从传统形式演变为晚近形式。目前的官员是经由选举产生,没有财产资格的规定——全体公民都有投票权,一心想当官者设法投其所好,最终发展到民众的权力高于法律。为了防止或限制这类事情发生,正确的途径是让个别部族而不是全体公民进行投票。

平民政体发生种种变更的原因概述如上。

---

① 例如,负担剧团的道具布景、火炬竞跑、比赛等经费。
② 住在平原上的农户多为富有地主,追随他的民众是住在山区的平民。

第6章

就寡头政体来说,变更政体有两种主要方式最为显著。第一种是少数统治集团压迫民众,有人带头起来反抗,民众就会跟随,尤其是带头的人是少数统治集团中的一员(纳克索斯岛的吕格达米斯即是一例,此人后来成为该邦僭主)。统治集团外部发动的政变有各种不同类型。有时候,^{1305b}城邦由极少数人独揽大权,分沾不到权力的富室于是发动政变。马撒利亚、伊斯特罗斯、赫拉克里亚和其他一些城邦都发生过这类事情。在这些寡头政体中,未能当官的人煽动内乱,直到分得一官半职才罢休。首先是各家长子得以出仕,其后少子亦准任官。有些城邦父子不准同时当官,其他一些城邦则禁止兄弟同时出任公职。马撒利亚的寡头政体变更后类似城邦政体,而伊斯特罗斯最后变为平民政体。在赫拉克里亚,原先只有少数成员的议事会增至600人之多。在克尼多斯,寡头政体的显贵出现内讧,终至发生政变,起因是少数人独揽大权,并且(一如前述)父子不准同时当官以及只准长子出仕等。民众趁机作乱,推举一位显贵为首领,一举击败了统治集团(因内部分裂的弱点而招致失败)。在古代,巴西琉族统治埃吕斯勒,政绩不俗,但民众不满少数专权,推翻了寡头政制。

寡头政体内部发动政变的另一类型是寡头互相倾轧,竞相以大众领袖的姿态出现。这些寡头或投少数集团之所好(即使在小圈子中也会出现所谓大众领袖:在雅典三十人专政时代①,查里克利斯一派因讨好奉承该三十人而得势;在四百人专政时代,弗吕尼克斯一伙因对四百人阿谀谄媚而大权在握),或投民众之所好。在

---

① 纪元前404年。

拉里萨,公民的守护者极力讨好民众,因为官职是经由民众选举委任的。在寡头政体中,行政官员若不是由同一等人选举委任,而是由民众或装甲步兵选举,尽管出任公职的财产资格订得高,或者必须身为某些政治团体的成员,都易于出现谄媚选举人的现象(如阿布多斯)。此外,倘若法庭的成员不限于具有出任公职资格的公民,寡头百般奉承民众,以期法庭做出有利于自己的裁断,结果往往引起冲突内乱,发生政变,位于黑海沿岸的赫拉克里亚即是一例。由内部发动的政变还有一类如下:寡头统治集团中有一批人企图独揽大权,主张地位平等的一批人被迫与平民联手,合力推翻寡头政制。另一类是寡头挥霍私产,过着奢华的生活,这种人颇想变更政体,以便自己能当僭主[1306a]或者拥立他人为僭主。在叙拉古,希巴里诺斯就拥立狄奥尼修斯为僭主;而在安菲波利斯,一位名叫克利奥底谟的人在家财散尽后,引进卡尔基移民,在这些人到达后便煽动他们攻击富人;在埃吉那岛,同查里斯①进行谈判合谋变更本邦政体的人也是因为挥霍了大量金钱所致。这类人有的试图立刻变更政体;有的只是吞占公款,但即使如此,最后也会引起内乱——不论是贪污者自己煽动的,还是其他一些人起来反对(例如位于黑海海岸的阿波罗尼亚)。另一方面,统治集团保持团结的寡头政体不容易从内部摧毁。法尔萨罗的政体便是一个好例子:少数拥有治权的人能够管治众多人口,因为统治集团成员和睦相处。

如果寡头统治集团之内又有一个统治集团,也会造成寡头政体覆亡。这就是说,尽管拥有治权的人很少,但最高职位被其中一些人把持。爱利斯就发生过这样的情况,该邦的治权在于长老院,但长老只有90名,不但行终身制,而且长老选举方式对当权者十

---

① 一位希腊将军。据说这件勾结事件发生于纪元前367年。

分有利,类似斯巴达的长老选举。

无论是在战时还是和平时期,寡头政体都可能发生政变。在战时,寡头由于不信任民众,不得不依靠雇佣军。如果雇佣军委任一位总指挥,此人通常会成为僭主,就像蒂莫芬尼在科林斯的所为。如果委任若干人指挥,这些人会形成一个统治集团。寡头担心出现这种后果,有时不得不以普通民众组军,从而让他们参与城邦事务。在和平时期,寡头互不信任,宁可把保安任务付托给雇佣军和中立的官员——后者有时候成为对立两派寡头的统治者(在拉里萨,在西蒙当政时期,阿琉亚各氏族中的一个氏族最终掌握了政权;在阿比尔斯,在政治团体争雄的时代,某政治团体首领伊菲阿德最后成为掌权者)。

政变的事端也有出自婚事纠葛或法律官司,最终发展为一派寡头打倒另一派。由婚事引起的冲突对立,前文提过一些例子。另一个例子是,在埃勒特里亚,第亚戈拉因一桩婚事受辱,愤而推翻了骑士寡头统治。法律官司的裁断分别引起了赫拉克里和忒拜的内乱。两宗都是通奸案,裁决(赫拉克里法庭对欧鲁狄奥诺斯的判决与忒拜法庭对阿契亚斯的判决)堪称公平,[1306b]但课刑带有派性色彩:两名被告的敌人出于忌妒和私怨,鼓动民众把犯人绑在广场柱子上示众。许多寡头政权是被统治集团的成员所推翻的,原因是他们对专制暴政极为反感。克尼多斯和凯俄斯的寡头政体就发生过这样的事情。

最后,政体还会因为某些偶然因素而发生变更。在一些城邦政体和寡头政体中,议事会成员、法庭陪审员和其他公职只限符合财产资格的公民出任。始初订立财产数额所根据的是当时的实际情况,用意是:在寡头政体只有少数人合格,或者在城邦政体中等人也能合格。城邦经过长时期和平或者遇上好运道逐渐繁荣起来,同一块土地涨价多倍,于是大家都能符合法定的出任公职的财产资格。这种情形有时候是逐渐地形成的,甚至觉察不出来;有时候则可能在极短的时间内发生。

寡头政体发生变更和内乱的原因已概述如上,我们还需做一些补充:无论是平民政体还是寡头政体,它们有时候只是变更为形式略异的政体,而不是形式相反的政体。例如,从权力受法律约束的平民政体或寡头政体变成权力绝对化的平民政体或寡头政体,或者反之。

第7章

在贵族政体中,仅有极少数人能出任官职和享有名位,这是造成内乱的原因之一。前文提到,这也是寡头政体发生动乱的一个原因——这正是因为贵族政体从某个意义上来说也是寡头政体。这两种政体都是少数人统治,尽管两者基于不同的理由实行少数人统治,贵族政体就是因为少数统治而被视为寡头政体。在下列情况下必然会发生这类内乱:(a)有一群人自信在素质方面不逊于统治者(例如斯巴达的所谓巴尔赛尼①,他们也是斯巴达公民的后裔,曾图谋恢复应有的地位,但计谋泄露,被遣送到塔林顿,在该处建立了殖民地②);(b)在德性方面毫不逊色的杰出人物受身居高位者侮慢,受辱于斯巴达王的吕桑德就是一例;(c)勇毅之士得不到名位,例如斯巴达王阿格西劳斯时期,克那东纠合其他一些人袭击斯巴达人;(d)出身高贵的人当中,有些变穷,有些变得极富(战时尤其会发生这种现象,斯巴达第二次战争期间就因此出现动乱——图尔泰乌斯的诗篇^{1307a}《法治》描述因战乱而流离失所的人

---

① 在第一次波斯战争期间,为了补充兵员,曾鼓励斯巴达男子多生子。巴尔赛尼是指这些人的私生子。

② 发生在纪元前第8世纪末。

要求重新分配土地);(e)身居高位者想更进一步唯我独尊(波斯战争期间,斯巴达统帅鲍桑尼阿斯以及迦太基的哈诺都是例子)。

贵族政体和城邦政体之所以倾覆主要是由于它们背离了各自政体的公正原则。城邦政体覆亡的根源是平民政制和寡头政制没有妥善混合,贵族政体则是平民政制、寡头政制和德性(尤其是前两者)没有妥善混合。城邦政体和大多数所谓贵族政体旨在混合平民政制和寡头政制两者。贵族政体和城邦政体的区别在于上述混合的方式——由于混合方式不一样,有些政体比较稳定。倾向于寡头政体的政体称为贵族政体,倾向于平民政体的政体称为城邦政体。城邦政体比贵族政体安定,这是因为人数愈多,支持政府的力量就愈强大:当民众享有平等的地位,他们会比较满足,但如果政府给予富人较高的地位,他们往往行为侮慢,大事敛财。

一般来说,如果政体有倾向性,受惠的一方会增强其优势,于是政体往往朝有利于他们的方向转变。例如,城邦政体变成平民政体,贵族政体变成寡头政体。然而,有倾向性的政体也可能逆向转变。例如,贵族政体变成平民政体,因为较穷的人觉得受到不公平待遇,力使政体的方向逆转;城邦政体变成寡头政体,因为一部分人服膺按照功勋地位分配权力的相称平等原则①,人人享有自己所应得的,这样才能建立稳定。政体逆向转变曾发生于图里伊:鉴于出任公职的财产标准订得太高,城邦政府将之降低,同时增加公职名额。其后,显贵非法地购下全部土地(图里伊政体倾向于寡头政体,所以显贵能够巧取豪夺),终于导致内战爆发。但民众在过去的战争中学会了战斗,击败了卫戍部队,拥有太多土地的显贵不得不放弃其名下的土地,图里伊于是变成平民政体。

除此以外,由于所有贵族政体倾向于寡头政体,显贵往往敛

---

① 见第三卷第9章及第四卷第1章。

财。例如,在斯巴达,土地愈来愈集中在少数人手中。显贵的权力很大,几乎可以为所欲为,例如,被显贵看中的女子都被迫嫁给他们。这也就是洛克里城邦之所以倾覆的原因——狄奥尼修斯婚事惹下的祸,而在平民政体或者妥善混合的贵族政体,这种事情绝不会发生。

我们曾经提到[1307b]所有各种形式政体的变更都可能是细故引发的。贵族政体一般是在不知不觉中发生变更的,因为这类政体的瓦解是通过许多小步骤逐渐完成的。例如,这回更改政制一些不重要的规定,下回更改较重要的规定也就不在乎了,如此不断修改,终至整个政制完全改变。例如,洛克里有法律规定将军一职须间隔五年才能再受任。有些年轻人能征善战,声誉鹊起,他们不把行政官看在眼里,认为易于控制。于是他们首先谋求废除旧法,以便将军能够连任;他们着眼于将来,希望民众届时积极参加投票,选举他们为将军,一旦当选,便可一再连任。主管此等事宜的行政官是所谓议事,开始时断然拒绝,后又以为废除了这条法律,即不再有其他修改之议,终于同意。之后,这批人却不断地提出修法建议,议事极力反对未果。整个政治体系变成倡议废法者的"权阀"政制。

所有形式的政体通常不但可以从内部摧毁,而且也可以从外部摧毁。外部的威胁来自邻近的相反形式政权,或者远方强大的相反形式政权。在雅典人与斯巴达人争雄的时代,雅典人四处推翻寡头政体,而斯巴达则到处颠覆平民政体。

政体变更和内乱的由来已概述如上。

第8章

接下来我们讨论政体一般和个别的维持方法。很明显,如果明白政体倾覆的原因,也就能知道政体得以维持的原因。原因倘若相反,结果也会相反,而倾覆和维持正是相反的结果。

在所有妥善混合的政体,最重要的是对一切违法情事保持警惕,尤其是慎防情节轻微的违法行为。这是因为某些违法行为发生时不易觉察,这就像小额开销,如果不停地花费,终会把财产耗尽。所有开销并非同时支付,头脑一时糊涂,钱财就不知不觉地用掉。就像智者学派所说的"如各部皆小,总体亦小"。不过,智者学派的说法并不完全对,因为由各个细小部分组成的总体或全部不一定细小。

因此,首先应当防范轻微违法情事启端。其次,不应依赖前述的欺蒙民众的方法,因为^{1308a}事实证明它们毫无用处(前文已阐述这些诡计的性质①)。其三,应当看到寡头政体和贵族政体能够维持,与其说这两种形式的政体本身稳定,倒不如说公职人员同体制外的分子和政府官员都保持良好的关系。在这两种城邦,体制外的分子没有受到不公平对待,他们的领袖人物获准参与治理城邦。他们之中有进取心者在名位方面不会被委屈,一般大众在利益和金钱方面也不会被亏待,而公职人员和其他公民彼此平等相待。提倡平民政制者竭力为大众争取平等,这不但公正,而且对"同等人"是有利的。因此,如果许多人享有治理城邦的权利,宜乎制定一些突显平等精神的规定。例如,官职任期只限半年以便"同等人"都有机会轮流出任。"同等人"众多的情况本身就带有平民政体的性质(前文已说过,这些人中不时会出现大众领袖)。官职任期短暂可以防止寡头政体和贵族政体沦为"权阀"统治。短期执政的危害总没有长期当政那么大,长期当政乃是寡头政体和贵族政体中出现僭主的根源,绝大多数僭主起初都是城邦的头脸人物(在

---

① 见第四卷第13章。

平民政体中是大众领袖,在寡头政体中则是"权阀"之一),或者是长期身居高位者。

各种政体如能远离安全威胁自然得以保全,但有时却恰恰相反。倘若大难临头,人们会竭力维护政体。所以,思量政体安危的人应当培养忧患意识,使人人提高警惕,俨如守夜的哨兵,绝不放松戒备,此即以远害为近患。除此以外,也应当立法预防显贵发生纷争树立派系,并且防范其他人卷入冲突。一般人不能从开始就看出祸端,唯独政治家才有这样的洞悉力。

如果出任公职的财产资格维持不变,但一邦之内货币流通量大增,这也会引起寡头政体和城邦政体变更[①]。如果市场出现这种情况,宜乎财产重新估值,并且定期进行估值。凡公民财产登记每年办理一次的城邦,应该每年估值;每隔三年或五年才登记一次的大邦,^{1308b}则每三年或五年估值一次。如果最新估值的总额比当初制订财产资格时的总额增加若干倍或减少若干倍,应依法相应地调高或调低财产资格。寡头政体或城邦政体倘若不奉行这类政策,政体的变更势难避免。当货币流通量大减,出任公职的财产标准不变,城邦政体就变成寡头政体,而寡头政体就变成"权阀"政治。又当货币流通量大增,出任公职的财产标准照旧,则出现逆向转变,城邦政体变成平民政体,而寡头政体变成城邦政体或平民政体。

平民政体、寡头政体、君主政体乃至其他不同形式的政体都有这样的惯例:不破格擢升,在长期间内按部就班地晋升官阶,而不是短期内封官加爵(为官者容易腐化,有人官运亨通就不可一世)。倘若不完全遵照惯例,亦不可骤然授予高官厚禄或骤然剥夺高官

[①] 假定出任公职的财产标准照旧,市场货币量反映出目前符合标准的人数倍增。这意味着更多人享有出任公职的权利。城邦政体或寡头政体可能变成平民政体,但这不是有意造成的。

厚禄，授夺名位应当有一个过程。此外，宜乎立法防止任何人凭着财富或关系取得高位。倘若防范未果，应强迫这类官员离国。

私生活问题也可能造成政体变更，应当设立行政机构以查察与现行政体格格不入的生活方式——不论是平民政体还是寡头政体，抑或其他任何形式的政体。基于同样的理由，应查察城邦内任何一类人过于兴旺的情况。为防范不轨行为，可委任相对立的一类人（我指的是显贵与大众相对立，穷人与富人相对立）出任公职，办理事务。设法把富人和贫穷民众混合在一起，或者增加中等人（这可以消弭因不平等引起的内讧）。

不论是哪种形式的政体，非常重要的是，城邦的法律和其他行政安排使官员无法以权谋私，损公自肥。在寡头政体中，尤其要加以留意。许多人倒不是因为无资格当官而感到不满（事实他们乐得因此有闲暇料理个人事务），而是他们每想到官员贪污公款，自己不但无名位，而且私利也轮不到，两件事合起来真正惹怒了他们。事实上，倘能设计出当官捞不到好处的制度，平民政体和贵族政体才有结合起来的可能，因为显贵和民众都可各得其所。[1309a]平民政府认为人人都有当官的资格，而贵族政府认为官职应由显贵出任。当官若不能捞好处，这两点都可以同时做到。穷人不再想当官（因为当官无利可图），他们宁可料理自己的事务。富人可受任官职，因为他们不需要公款补贴。这样一来，穷人固然能埋头工作以致富，显贵也不必担心随便什么人都可以统治他们。为防止贪污行为，官员离任时应在公民大会上移交公款，并列出账目明细，抄送宗社、社团和部族分别保管。为使为官不贪，应立法褒奖以廉洁著称的官吏。

在平民政体中，不应当为难富人，不但不该把他们的财产拿来重新分配，也不该拿他们的收入来重新分配（有些城邦悄悄地这样做）。除此以外，即使富人愿意，也不宜让他们负担一些所费不菲但毫无用处的公共服务,例如,提供剧团道具布景、资助火炬竞跑比赛,等等。在寡头政体中,应当格外照顾穷人,把有收益的公职分配给他们;倘若有富人侮辱他们,对犯者处罚从重。再者,应当规定财产只能由家人继承,不能遗赠他人①;同一人不能承继两份遗产。依照这种制度,各个人的财产也许不那么悬殊,更多的穷人可以逐渐富起来。不论是平民政体还是寡头政体,让参加城邦政府机会最少的人享有平等地位或受到优先照顾,对城邦总是有利的(在平民政体中这是指富人,在寡头政体中这是指穷人)。唯一的例外是城邦的最高官职——只应委任享有充分政治权利的人(至少受任者多数属于这一类)。

第9章

最高官职的受任者应当具备以下三项条件:第一,忠于现行政体;第二,有高度胜任的能力;第三,具有现行政体所要求的德性和公正观念(如果公正观念因政体而异②,所谓公正的性质也有所不同)。如果没有兼备三项条件的人选,如何选人,颇费思量。^{1309b}比如说,某甲具有将才,但也许品德不佳,而且不支持现行政体,而某乙却正直和忠于现行政体,如何在两人中做出选择?看来应当从两方面来考虑:整体来说,哪项资格拥有的人较多?哪项资格拥有的人较少?就选将一事来说,应当重视的是作战经验,而不是人格——将才难觅,而品德好的人到底比较多。至于财产保管人或者司库,情况则相反,这类职责要求的品德标准高于一般,但所需要的知识却是我们大家具备的。

或许有人要问,能力胜任同时又忠于现行政体的人选何以还

---

① 如果允许遗赠,财产可能集中在少数受赠人手中。
② 见第三卷第4章及第9章。

需要具备品德的条件？难道前两项条件还不能确保公共利益吗？我们的答复是：具备这两项条件的人也许缺乏自制能力①，所以，尽管他们既知道亦很在乎自己的利益，但却没有经常看顾自己的利益。像这样的人，能指望他经常看顾城邦共同体的利益吗？

一般来说，凡是有利于各种形式政体的法规都有助于维持政体，而政体维持的主要原则就是我们一再提到的：务使希望它长治久安的人，多于希望它倾覆的人。除此以外，决不能忽视中等人的作用。目前各种变异形式的政体对他们视而不见。许多被视为带有平民政体色彩的措施实际上危及平民政体，而许多被视为属于寡头政体性质的措施则危及寡头政体。这些变异形式政体的支持者认为唯有自己的一套是最正确的，一再把政策推向极端。他们看不出不均衡会把邦国摧毁。举例来说，挺直的鼻子是最美的，略塌或者略勾的鼻子不见得就不美，看上去仍挺顺眼的。不过，如果与挺直的鼻子的差别愈来愈大，鼻子同脸上其他部分渐次失去匀称，差别益趋极端（不论是极端的勾还是极端的塌），最终也就完全不成为一个鼻子了。身体的其他部分亦然，而城邦政体也是如此。寡头政体或平民政体虽与最佳政体差别颇大，但毕竟还可行。如果沿着各自的偏向轨道走到极端，早期是政体堕落，晚期也就完全不成为一个政体。

因此，立法者和统治家应当明辨哪一类平民政治措施能保全平民政体，哪一类能把它摧毁；同理，他们也应明辨哪一类寡头政治措施能保全寡头政体，哪一类能把它摧毁。无论是平民政体还是寡头政体，没有富人和穷人这两个部分，就不能存在和持续。如果实行平分财产，必然会变为其他形式的政体，因为取消贫富之别的极端性法律[1310a]使其中一个部分消失了，由是倾覆了原来的

---

① 按亚氏的伦理学，灵魂受欲望所控制。

政体。

平民政体和寡头政体的政治家都犯了如下的错误:在民众的意志凌驾在法律之上的一些平民政体,大众领袖经常以富人为打击对象,从而使社会一分为二。其实把这个政策倒过来才是正确的政策,他们应当经常表态,替富人辩护。寡头政体也应当奉行类似的政策,少数统治者的誓言内容应当与目前的相反,并应随时出面替穷人说话。有些城邦的少数统治者曾誓言:"我与平民势不两立,当竭尽所能,给予迎头痛击。"其实他们应该持有截然相反的观点并在行为上表现出来,他们应该立誓表示:"我决不会让平民受委屈。"

在我所提及的各种形式政体的保全措施中,最重要的就是推行适宜于现行政体的教育①。目前,各城邦对教育不屑一顾,即使城邦的法律为全体公民所赞同,但社会未养成守法的习惯,教育未能培养出应有的风尚(如果法律属于平民性质,应崇尚平民政体;如果法律属于寡头性质,应崇尚寡头政体),城邦的法律多么有益也发挥不了作用。城邦如个人一般有自制力的问题,培育公民应有的风尚,并非让人们做一些取悦寡头(或拥护平民政体者)的事情,而是引导人们做寡头政体(或平民政体)赖以运行的事情。然而,目前在寡头政体中,官员子弟过着奢侈的生活,而穷人子弟则胼手胝足地工作,后者在辛劳和磨炼中成长,因此渴望变革,同时更有能力发动政变。在最极端形式的平民政体中②实行有悖于城邦真正利益的政策,其原因在于误解自由的真谛。平民政体应当具有以下两种特征:大多数人拥有最高权力以及自由。人们认为"公正"就是"平等",而"平等"就是民众的意志高于一切,于是"自由"就是个人做其喜欢做的事。在这种平民政体中,每个人随心所

---

① 见第四卷第11章。详细论述载于第八卷第1章。
② 见第四卷第14章,在这类平民政体中,"平民的意志"凌驾在法律之上。

欲地生活，如欧里庇德所说"随意之所至"，这殊不可取。

合乎政体宗旨的方式生活，不应视作奴隶式的服从，而是自我保全。

造成各种形式政体变更和倾覆的原因以及政体维持和稳定的措施已概述如上。

第10章

接着要讨论的是造成君主政体①倾覆的原因以及维持君主政体的措施。前文所述关于各种形式的政体的情况^{1310b}基本上也适用于君王政体和僭主政体。君王政体具有贵族政体性质；僭主政体结合了极端形式的寡头政体和极端形式的平民政体，它是两种变异形式的政体的合成物，兼具两者的偏差和错误，因此对臣民的危害最大。这两种形式的君主政体的起源截然不同，始初君王的出现是为协助上等人对付民众——君王来自上等人的圈子，凭其个人的优异品德和行为或其家族的高行懿德而被推举为王；僭主来自民众之中——他充当民众的保护人，让民众免受显贵欺凌。据历史的记载，绝大多数的僭主原先是大众领袖，他们毁谤中伤显贵，从而赢得民众的信任。在城邦人口增长快的年代，许多僭主政体都是以这种方式建立的。在较早的年代，有些君王野心勃勃，僭越世袭权限，实行专制统治而成立僭主政体。有些僭主政体是原先当选首长的人建立的（在古代，民众委任的行政或宗教最高职位任期很长）。寡头政体的传统做法是委任一人为最高权力机构之首，其中有些演变成僭主政体。所有这些情况都给予野心家可乘之机，因为身为君王或身居要津，早已手握大权，想当僭主简直易

---

① 君主政体包括了君王政体和僭主政体。

如反掌。举例来说,在阿尔戈斯,斐多和其他几个人原先是君王,后来都成为僭主。伊奥尼亚诸僭主以及阿格利根坦的法拉里斯,凭借高官要职的身份,建立了僭主政体。又如勒昂底尼的帕奈修斯、科林斯的库伯赛罗斯、雅典的佩西斯特拉托、叙拉古的狄奥尼修斯以及后来变为僭主的其他一些人原先都是大众领袖。

前文提到君王政体具有贵族政体的性质,前者同后者一样重视才德——个人的德性、家族的德行、个人功勋或者所有这些及办事精干。凡是被推举为王的或曾惠泽国家民族,或有能力为国家民族谋福利。举例来说,科德罗斯拯救了雅典,使其免被敌国所灭;居鲁士解放了波斯,使其不再受异族统治。又如斯巴达和马其顿的君王或者伊庇罗斯的莫洛修人君王都曾有开疆拓土的彪炳功业。君王的使命是充当社会的守护人,^{1311a}保护有财产的人免受不公平的对待,保护一般大众免受压迫和轻侮。我们曾屡次指出,僭主只重私利,罔顾公益,僭主以寻欢作乐为尚;君王则尚德。因此,两者聚敛之物迥异:僭主极尽敛财之能事,君王但求令名。君王用公民为王室守卫,而僭主则用外邦雇佣兵。

僭主政体显然兼具寡头政体和平民政体的弊病。寡头政体崇尚敛财,僭主政体亦以此为目的(因为有财,僭主才能过奢华的生活和雇佣守卫保护自己的安全)。后者效法前者,对民众不予信任,从而禁止他们拥有武器并压迫他们,将之逐出城市,流散乡郊。僭主政体也师法平民政体:敌视显贵;公开地或暗自地攻击显贵;时常流放显贵,以除后患(视显贵为政敌、僭主专政的障碍,同时也因为显贵参与策划政变——有些显贵自己想当统治者,其他一些则不愿臣服)。所以,僭主伯里安德给斯拉苏布罗的劝谕①系以手杖击落高大的黍穗,直至黍稞全部齐头为止,这暗示僭主应当经常

---

① 见第三卷第13章。

铲除出类拔萃的公民。

前文已提到,君主政体和其他形式政体变更的起因是相同的。在许多情况下,臣民起来反叛,是由于虐政、恐惧或鄙视。经常引起反叛的暴虐行为是凌辱臣民,没收私人财产有时也会造成叛变。

无论是僭主政体还是君王政体,起事者的目的与其他形式政体的起事者相同。最高统治者拥有大量财富并且享有最高荣耀,而两者都是大家所企求的。起事者发动的攻击有时候针对最高统治者本人,有时候则针对其权位。若为雪耻而起事,则必然是针对统治者个人。

凌辱有许多种类,但任何种类的凌辱都会引起愤恨。愤而袭击统治者多出于报复,而不是遂个人之野心。举例来说,在雅典,哈尔摩狄乌斯和阿里斯多格顿袭击佩西斯特拉托家族,是由于佩西斯特拉托羞辱了哈尔摩狄乌斯的妹妹,并凌辱了他本人(他发动攻击是为妹妹雪耻,而阿里斯多格进攻则是为了他的缘故)。安布拉基亚的僭主伯里安德执政时期,有人暗中谋反,原委是他同其宠幸的少年共饮时,戏问这位少年是否怀上了他的孩子。^{1311b}鲍桑尼阿斯弑杀腓力浦王,是因为后者纵容阿塔罗斯①及其友人羞辱他。德尔达弑杀阿蒙塔,则是因为后者向人夸耀德尔达曾经是他的娈童。又如,塞浦路斯的欧阿戈拉斯为一位宦臣所弑,原因是他的儿子诱奸该宦臣之妻,该人遂愤而报复。许多叛谋事件的起因是君主对臣民极尽羞辱。克拉泰乌斯之所以击杀阿克劳斯②就是一个例子,阿克劳斯狎玩克拉泰乌斯,后者早怀怨恨之心。阿克劳斯王又允诺将两个女儿中的一个许配给他,其后同西拉斯和阿拉班作战,战情告急,便把大女儿嫁与埃利梅亚的君王;又将二女儿嫁与

---

① 腓力浦为马其顿君王,于纪元前343年延聘亚里士多德教导王子亚历山大。腓力浦于前336年遭弑,亚历山大继位。阿塔罗斯为腓力浦王后之叔。

② 马其顿君王,纪元前413年至纪元前399年在位,用亚里士多德的父亲为御医。

自己的儿子①，希望前妻所生的这个儿子与后妻所生的儿子因此不再内斗。克拉泰乌斯以此轻侮为发难的口实——实际上即使一些细微事端，也可成为他弑君的借口，真正的原因在于他老早就不甘为壁臣。一起谋反的赫兰诺克拉底（来自拉里萨）也是出于同样的原因，他也被阿克劳斯所宠幸，后者曾答允让他回到拉里萨但却食言。他终于确定此非钟爱而是狎玩。又如，蒲松和爱诺斯的赫拉克里弑杀科图斯②以报父仇；而阿达马斯之所以反叛科图斯，是因为他于童年时遭科图斯恣意下令阉割。

肉体上的折磨也是凌辱的一种形式。许多人因受体罚愤而报复，杀害或谋害官员，甚至王族。举例来说，在米提利尼，彭茜卢王族成员举棍棒痛殴公民，麦加克勒斯及其友人即狙杀之；其后，另一名成员彭茜卢斯为斯麦尔德所杀，原委在于前者曾把后者从其妻子身边拉走，施以笞刑。又如德坎尼科斯之所以煽动弑杀阿克劳斯，率众行动，是因为阿克劳斯曾把他解送诗人欧里庇德处施加鞭笞。诗人因德坎尼科斯曾言其口臭熏人，故而怀恨在心。同一类原因所引起的谋杀和叛变在历史上屡见不鲜。

前文已提过，出于恐惧是造成君主政体和其他形式的城邦政体变更的原因之一。例如，波斯的阿尔塔帕尼谋弑克塞克西斯，因为他擅自缢死大流士，担心因此事被问罪——克塞克西斯曾命令他不得杀大流士，但他在下手时指望君主忘却其宴席之言，对他不加追究。

对君主的鄙视有时候也是原因之一。以叙利亚王萨尔达那帕罗斯^{1312a}为例，他遭弑是因为有人看见他同一些妇女一起梳理羊毛——如果传说属实（即使是误传，也极可能曾发生在其他人身上）。狄翁出于轻蔑，攻击叙拉古的狄奥尼修斯二世，因为他看到

---

① 非同母所生。
② 色雷斯王，纪元前359年被弑。

这位君主终日酗酒，为臣民所不齿。即使君主的亲信有时候也会出于鄙夷而弑君，君主的信赖引起他们的轻视，认为谋反不会东窗事发。谋叛者自信能够夺得政权也是出于轻蔑之心：他们自恃有实力，可随时举事，并且轻视危险，因此有将军袭击君主之事。例如，居鲁士袭击阿斯图亚哥，正是因为他鄙视后者荒淫无度，估计已不堪一击。又如，进击阿马多库斯王的色雷斯人苏泰斯是其麾下大将，发难的原因十分类似。

有时候发难的原因有好几个。例如，米士里达特斯反叛阿里奥巴扎尼既出于轻蔑亦出于贪婪。经君主提拔为领军的勇猛之士最有可能因此等原因而起事。勇将手握兵权气势如虹，自然觉得举事犹如探囊取物。

出于雄心而起事者，其作为不同于前述，这些人不会因为高官厚禄而冒死犯难，但认为冒性命的危险谋弑僭主的行动可使其声名远播。他们不在乎国土，但求名垂后世。这类人可遇不可求，企图弑杀僭主的人不成功便成仁，视死如归的精神应如狄翁一般。狄翁率单薄兵力进犯狄奥尼修斯时曾说过："此次犯境，进军不论深入几许，吾愿已足。纵登陆即战死沙场，亦无憾矣。"

就像其他形式的政体，僭主政体可为外力所摧毁，[1312b]政体宗旨相反的强大外邦，由于立场方面的对立，显然有推翻僭主政体之意图，而只要力所能及，就会遂其意图。政体的对立有各种不同形式，极端形式的平民政体反对僭主政体。有如赫西俄德所说的"陶工厌恶陶工"，因为前者也是一种僭主政体。君王政体和贵族政体反对僭主政体，则是由于政体的性质迥异。因此，斯巴达推翻了许多僭主政体；叙拉古有一段时间属于贵族或城邦政体，也曾推行同样的政策。

僭主政体的倾覆可以是由于内部原因：僭主家族发生内讧。例如，叙拉古的葛洛家族以及近代的狄奥尼修斯二世家族。关于葛洛家族,希厄若诺斯①的兄弟斯拉苏布罗阿谀奉承葛洛之子,教唆他荒淫纵欲,以便取而代之。结果葛洛家族联合显贵起来推翻斯拉苏布罗(非僭主政体本身)。但显贵趁此机会谋叛,把葛洛家族全体驱逐出境。关于狄奥尼修斯二世,其亲戚狄翁起兵征讨,赢得民众支持,驱逐了僭主,但其后他自己却成为僭主,终于遭暗杀。仇恨和鄙视是激发人们攻击僭主政体的两个主要动机。所有僭主都会招致仇恨,鄙视通常是僭主被推翻的原因。所以,靠自己本领当上僭主者一般都能够维持其政权,但僭主的继承人往往一继位旋即被推翻。继位者生活奢靡,为人所不齿,于是给予起事者可乘之机。仇恨应包括愤恨在内,因为后者产生同样的效果。愤恨甚至更能激发起行动——被激怒的人不再听从理性的指使,所以发动的攻击尤其猛烈。凌辱对人的刺激最深,佩西斯特家族和其他许多僭主的政权覆灭的原因即在于此。仇恨不妨碍理性的考量,仇恨敌人可以不感到痛苦。可是愤恨与痛苦是连在一起的,而痛苦妨碍理性的考量。

总括地说,前文所述造成寡头政体(未经混合的最终极形式)和平民政体(最极端形式)倾覆的原因也可使僭主政体覆灭。其实这些形式的政体不外乎是由几个人统治的僭主政体。君王政体最不易被外力摧毁,因此能长久维持。政体倾覆通常是内讧造成的。倾覆的方式有二:^{1313a}其一是王族内部不和;其二是君王的统治近乎僭政,君王权力扩大,不受法律约束。君王制度已不时兴,目前这类政体若以君主政体形式出现,则为僭主政体。君王所统治的是甘愿顺从的子民,对重大事宜拥有决定权,但如今同等人很多,没有人具备异常优越的才德,可荣任君王。因此,子民不会甘愿顺从。如果有人以欺骗手段或武力成为统治者,所建立的将是僭主

---

① 僭主葛洛的兄弟。葛洛死后由他继位。

政体。关于世袭君王制的倾覆,除上述者外,还有以下的覆亡原因:继位的君王往往受到鄙视,他们虽不拥有僭主的权力,但以国君之尊恣意妄为,这样的君王要加以推翻并不难,因为当子民不再接受他为君王,他也就做不成君王了。然而,不管子民甘愿与否,僭主还是可以继续当僭主。

造成君主政体倾覆的原因包括了上述以及其他类似原因。

第11章

简单地说,君主政体倘能反其道而行,显然可维持政体于不坠。首先讨论君王政体。君王要是采取温和政策,总能保住王位。君王拥有的权力愈小,王位的威权愈能长久保全。这是因为君王比较收敛,不复高高在上,不再招致子民妒忌。摩洛人的王制能够存续,原因即在于此。斯巴达君王政体得以维持也是因为二君共治,而且后来特奥庞波又对君权进一步限制,特别是设置监察官。他把君王的权力削减,然而王位也因此长久保全,王制非但未被削弱,反而是得到巩固。传说其妻曾质问他说,将来传给儿子的权力比他从先王继承的权力小,难道不感到羞愧吗?他答道:"我无愧于子孙后代,因为我传下去的王位能更久长。"

至于僭主政体的保全,可以有两种完全相反的途径。其一是传统的途径,也就是今天大多数僭主的统治方式。僭主的许多统治手段据说是科林斯的伯里安德所创,但其中有不少可能是效法波斯帝国的。这些手段包括前文所述[①]的一些尽量确保僭主政体安定的措施——铲除杰出人物和诛戮心志高傲的人。除此以外,还禁办公共食堂、社团、1313b教育以及其他类似活动,防范任何可能

---

① 见第三卷第13章以及第五卷第10章。

使子民感到自豪或者增加自信的活动,禁止文化集会、闲暇时举行讨论会,想尽办法务使子民彼此不熟稔(彼此熟稔通常会建立互信)。再者,要求城内民众经常露面,多到宫门前走动(这样他们便难以隐瞒进行中的活动,也养成驯服的习惯)。在波斯和野蛮民族有一些类似措施①可达到相同效果,也一并采用。此外,还设法掌握子民的动向,派出密探(如叙拉古专门打听消息的女间谍或者僭主希厄罗派到社交集会和公共会议的窃听者。由于子民害怕这类告密者,集会时就不敢畅所欲言,倘若肆无忌惮地交谈,自然很容易被发现)。僭主也耍伎俩以制造朋友之间、民众和显贵之间、这批富人与那批富人之间的不和与猜疑。僭主还运用这样的权谋:使子民终身贫穷,这样他们就雇不起自己的卫队②,并且忙于生计,无暇谋反。这类例子包括:埃及金字塔、库柏塞利德家族的大献祭、佩西斯特拉托建造奥林匹亚宙斯神庙、波利克拉底萨莫斯岛建造纪念碑(所有这些大工程产生相同的效果:一是子民终年劳役,二是民不聊生)。僭主也效法叙拉古的狄奥尼修斯大肆课税(后者曾策谋五年之内子民财产全归国库)。挑起战争也是僭主常用的手段,以使子民经常忙个不迭,并且一直需要有人当他们的领袖。

君王的盟友会保全其政权;僭主却有这样的顾忌:"所有人都想推翻我,盟友尤其具备这样的能力",因此对盟友反而最不信任。僭主政体的一些统治手法与极端形式的平民政体者雷同。两者均怂恿妇女在家中多管事,以便掌握丈夫的情况,向政府告密。基于同样的理由,两者对奴隶比较放纵。奴隶和妇女在僭主政体颇为得意,因此不可能叛乱——他们不但对僭主政体,而且对平民政体也有好感(因为普通民众也想成为最高的统治者)。谄媚者在这两种政体身居要职,因为在平民政体中,大众领袖本人极尽谄媚民众

---

① 纽曼指出,亚氏可能是指在君王面前匍匐或叩头。
② 僭主以外邦雇佣兵为御林军。

之能事。在僭主政体中,僭主最喜欢卑恭谄媚之人[1314a]——这正是宫廷佞臣所擅长的。僭主制度因此教人以奸佞之徒为友,僭主喜欢有人奉承,但具有自由人的高尚精神者是不肯屈身献媚的——有自尊之人会善待他人,但无论如何不会阿谀谄媚。卑劣之人适合当卑劣工具,正如谚语所说的"用铁钉敲出铁钉"。僭主一向不喜欢有自尊和思想独立的人,只有他自己才能具备这些品质。他认为任何人表现出自尊和思想独立就是有损他的优越地位和崇高权威,因此僭主痛恨这些人,视之为政权的颠覆分子。僭主向来宁可与外邦人交往和饮宴——他视本邦公民为敌人,而外邦人不会与他为敌。僭主均有此等习性和权谋,以维持权威,但同时又无恶不作。僭主用不同的手段来达成不同的目的,总括地说,做法可以分三类。第一类是凌辱子民。他们知道心志受贬抑的人绝不会策划造反。第二类是造成子民互相猜疑。只要子民彼此不信任,僭主就不必担心被推翻。僭主要打击正直的人也是因为这个缘故——僭主认为这些人危及其政权,一来是因为他们不肯俯首帖耳地接受专制统治,二来是他们不但彼此忠诚,对其他人也忠诚,不会互相告发,或者告发他人。第三类是使子民事事无能为力。人人自觉无能,则起事无人为之,这样无人能举事推翻僭政。以上就是僭主政策的三个目的,所有一切措施按目的可归纳为:(1)防止子民彼此信任;(2)限制他们的能力;(3)贬抑其心志。

我们讨论了保全僭主政体的两个途径之一。另一途径在做法上几乎完全相反——回顾一下君王政体的倾覆原因,就可以了解这一途径的取向。造成君王政体覆灭的一个方法是使王室渐次地具有僭主的性质,所以要保全僭主政体就应当使它比较接近君王政体。僭主要当心的只有一件事:不论子民同意与否,必须保留手中的权力,因为一旦放弃权力,就是放弃了僭主政权。保留权力是僭主的不二法门,但在其他各个方面,僭主应当(至少在表面上)扮演君王的角色。首先,应当表现出珍惜公款,[1314b]不事挥霍(公款来自民脂民膏,用于给名妓、外邦人和艺师技匠送礼历来引起民众反感),而且清楚交代收支账目(有些僭主实际上已奉行这样的政策)。这样,他就不似僭主而似民众的管家。僭主只要拥有城邦的最高权力,就不必担心钱财短绌。事实上,僭主如果离邦出征,收支账目公开比留下一大笔款项对他更有利,因为他们不用忧虑留守者起事(征战在外的僭主,公民已随其出征,他所顾忌的是代管国库的留守者)。其次,僭主课税或要求公民履行公共义务时,必须使人觉得这是为了城邦的妥善管理或者备战的需要。一般来说,他应以公共(而非私人)财产的司库兼总监的姿态出现。

僭主应不怒而威,而非疾言厉色,其人应令见者景仰而非生畏。如果他属于望之不似人君的一类,同时又不注重个人德行修养,那么至少应当表现武勇,以赢得好名声。除此以外,僭主及近臣都不该涉嫌玷污子民,包括少男少女在内。僭主家族的妇女对其他妇女也应当尊重,因为许多僭主政权覆亡正是因凌辱妇女事件所引起的。当今有一些僭主尽情享乐,夜以继日穷声色之娱,并且公开炫示他们得天独厚的欢愉生活,为使闻者艳羡不已,这些做法极不可取,应当反其道而行。僭主应当有所节制,就算做不到,无论如何也不能炫耀宣扬自己多么骄奢淫逸(醉醺醺、昏昏然的人受人蔑视,甚至易受袭击,清醒、警觉的人则不然)。适当的做法应与前述的僭主行为截然相反,他应当修葺城市,改善服务,俨然是城邦利益的守护人,而非僭主。在祀祭诸神方面,应当经常表现出非常虔诚。如果人们认为统治者敬畏神祇,比较不担心对民不公[1315a]甚或认为他得到神明眷顾,较不愿谋反。不过,僭主应当留意自己的言行,不要被人视为愚昧迷信。他应该褒扬有杰出表现的人,使他们觉得所获荣誉胜过在公民做主的制度下所能得到的。僭主应当亲自加恩行赏,但一切罪罚应由行政官或法庭判决。各种形式的君主政体都慎防过度尊崇一人——如果非如此不可,则尊崇几个人(这样他们可互相督促)。倘使统治者终归要提拔一个人,无论如何不能选拔狂放之人(这种人凡事跃跃欲试)。如果统治者想罢黜什么人,应当渐次为之,不要骤然间剥夺他的一切权力。再者,僭主不可施暴行,尤其是滥施体罚和狎玩青少年。对于高尚的人,他尤应谨言慎行,因为最令爱财者反感的乃是藐视他的财货,最令高尚、有自尊的人生恨的就是损其尊严,所以,僭主对这类人不该施体罚。无论如何,当他使用体罚时,应表明这是严父的教训,目的并非凌辱。当他同年轻人亲昵时,应当是出于情爱,而不是自恃有权力,可为所欲为。一般来说,他应当对凡是感到受辱的人授予更高的荣誉作为补偿。

在想暗杀僭主的人当中,以不惜牺牲但求成功者最危险,必须严加监视,因此,应当特别防范凡是感到自己个人或他们关心的人受到凌辱的人。人在愤恨时出击,必然奋不顾身。正如赫拉克利特所说:"愤恨是极难对付的敌人,它使人不惜以生命换取胜利。"

鉴于城邦由富人和穷人两个部分组成,僭主应当引导双方相信他们之所以安全是因为僭主的权力——在僭主的保护下,任何一方都不会被他方伤害。不过,如果有一方人数多,僭主应当使这一方依附他。如果得到这一方的支持,他也就不必采取解放奴隶或者解除公民武装等措施①,他的力量加上任何一方就足够打垮起事者了。

我们不再浪费篇幅赘述个别事项,努力的目标已一清二楚。在子民面前,僭主应以^{1315b}管家和君王,而非暴君的姿态出现。他不该占有他人财物,只应当做他们的总管,生活上有所节制,不放纵。应当与显贵来往,把他们争取过来,也应讨好民众。这样一

---

① 僭主常常解放奴隶以增加兵员,解除公民武装使之不能反对僭主。

来，政治必然会比较清明，子民的日子更加好过，因为他们的心志不受贬抑，素质提高，既不憎恨亦不惧怕僭主。僭主政权也就能够维持得久些，僭主的习性陶冶应合乎德性，即使不是全善，至少是半善，也就是半善半恶，但至少不是全恶。

第12章

各种形式的政体中，以寡头政体和僭主政体改朝换代最快。历时最久的是奥萨戈拉及其在西库翁的后代的政权，国祚达100年之久，原因是他们不行苛政，在许多方面都以法律为准绳，关心民众需要，因而颇得民心。该家族中的克勒斯泰尼以将才见著。据史书记载，他在竞技中被判输给对手，不以为忤地授予该名裁判花冠。据说，西库翁广场现存一座雕像，就是为该名裁判而立的。也有人说雅典僭主佩西斯特拉托，有一次竟然应元老院传唤，出庭受审。

历时次之的是科林斯的库柏斯卢家族政权，国祚73年又6个月，包括库柏斯卢在位30年、伯里安德在位40年又6个月、戈尔哥斯的儿子伯萨米迪科斯在位3年。国祚长久的原因与西库翁类似：库柏斯卢是大众领袖，在位期间从无侍卫跟随；伯里安德虽然是僭主，但能征善战。历时又次之的是佩西斯特拉托家族的政权，但国祚曾两度中断。佩西斯特拉托当僭主期间曾两次被逐出雅典，所以在33年间，只做了17年的僭主。子裔继位18年，国祚为35年。在其他僭主政权中，历时较久的要数叙拉古的葛洛家族和希厄罗家族，然而在位也不过18年而已。葛洛当了7年僭主，在第8年一命呜呼；希厄罗统治了10年，但斯拉苏布罗在位10个月就被驱逐。僭主政权一般来说历时短暂。

我们已讨论过各种形式的城邦政体和君主政体之所以保全和

倾覆的所有(或者差不多所有)原因。[1316a]柏拉图在《理想国》中曾论述政体变更问题①,但立论不完全正确。他所说的第一种理想政体变更的原因实际上并不限于这种形式的政体。他说世上没有不变的事物,一切事物皆有其生灭的周期。一般的变化可由数理推究原因,在数理上,"3比4配上5,即产生两和音"②(他的意思是指图中的数字的立方数)③。柏拉图相信有人生来顽劣,性不可迁,教育亦无济于事。生物世代繁衍,有时候会出现不可教化或无法造就者,也许柏拉图在这一点上没有错。但是,为什么这是他的理想国之所以变化的特有原因,而不是所有形式政体乃至一切存在事物的原因?再者,他说时间使一切事物发生变化,那么,不同时候开始的事物,是否也在同一时候变化呢?我的意思是,如果有些事物在周期完成前一天才开始存在,是否也同先前存在的事物一起变化呢?

除此以外,为什么理想政体必然转变为斯巴达式政体④?所有形式政体的转变,一般变成相反形式政体居多,转变为类似政体属于少数。这一论点也适用于其他变更。他说斯巴达式政体转变为寡头政体,寡头政体变为平民政体,最后平民政体变为僭主政体。然而,政体的变更也有循相反方向发展的,例如平民政体变为寡头政体。确实,平民政体变为寡头政体易,变为君主政体难。

关于僭主政体,柏拉图既没有说是否会发生变更,也没有说如果变更的话,原因何在?会变成哪种形式的政体?他对此略而不

---

① 见《理想图》第八卷,545c起。

② 纪元前6世纪毕达哥拉斯学派发现和音原理在于数字之比。毕氏定理证明勾3股4弦5的关系,即$(3)^2+(4)^2=(5)^2$。将各数字的立方数相加,即$(3)^3+(4)^3+(5)^3=216$。古希腊医学以妊娠期第216天起,婴儿即能存活。这个数字后世称为数谜。柏拉图相信宇宙法则、万物生灭变化都有数理上的解释可寻。

③ 见《理想国》第八卷,546c。图系指直角三角形。

④ 指功勋政体,见《理想国》第八卷,545a。

论,大概是不易做出解释,因为没有常规可循。按照他的理论,僭主政体应变为第一理想政体,这样才能完成一个无间断的演变周期。然而,事实上僭主政体可以转变为另一个僭主政体,例如,西库翁的政权从僭主穆罗转变为僭主克勒斯泰尼。它也可以变为寡头政体(如卡尔基的安提利昂),或变为平民政体(如叙拉古的葛洛家族),或变为贵族政体(如斯巴达的卡里劳斯以及迦太基)。寡头政体也可以转变为僭主政体(如西西里古代寡头政体大多数是如此;在勒昂提民,变为帕奈修斯的僭主政权;在吉拉,变为克勒安德僭主政权;在瑞盖俄,变为阿那克西劳僭主政权;还有许多其他城邦亦复如此)。

柏拉图谈到斯巴达式的政体①变为寡头政体的原因时^{1316b},只提到行政官愈来愈贪财,热衷于赚钱,不曾提及拥有大量财富的人认为无财产的人享有相同的参政权有欠公平,他为何不提这一点是相当令人费解的。事实上,许多僭主政体不准贸易图利,并且法有明文禁止。迦太基属于平民政体,行政官可以经商,迄今未出现政体变更。柏拉图说寡头政体内包含了两个城邦——富人城邦和穷人城邦,这也是令人费解的。在贫富两部分人的问题上,寡头政体的情况与斯巴达政体有何差异?又与公民的财产不均等或善人的德性不同等的政体的差别何在? 在寡头政体内,在任何人的财产分毫无损的情况下,只要穷人变成大多数,便可变更为平民政体。反过来说,在平民政体内,只要富人的势力大于穷人,富人若主动积极,穷人若满不在乎,便可变更为寡头政体。

尽管寡头政体变更为平民政体的原因有多种,但柏拉图只提到其中一种原因,就是奢侈放纵以致负债付息而变贫穷。他似乎认为所有人或者绝大多数人原先都是富有的。这显然不符合事

---

① 指功勋政体,见《理想国》第八卷,545a。

实。事情的真相是：任何领导人物一旦变穷就煽动叛乱，其他人变穷也不会制造麻烦。即使变穷是寡头政体变更的原因，它未必变为平民政体，也许变为其他形式的政体。再者，不能分享名位官职、受到凌辱或者不公正或轻侮对待，也会引起内讧出现政变的，即使挥霍钱财并非全凭个人之所好（柏拉图称这是过度自由提供的机会）。寡头政体和平民政体皆有几种形式，但柏拉图在讨论这些政体的变更时，只当它们各有一种形式而已。

第六卷

第1章

我们阐述了各种不同的城邦的议事机构或最高权力机构的性质,关于法庭和行政官员的各种制度以及哪一种制度适用于哪一种政体。除此以外,还讨论了政体的倾覆和保全——如何发生和原因何在。

平民政体和其他形式政体各有不同种类,应当探究一下哪一些制度对哪些种类的政体适合且有利——这些都是迄今仍未阐明的事项①。再者,我们也应当研究城邦体系内不同制度的各种组合。[1317a]不同制度的组合会造成城邦政体部分相同——贵族政体具有寡头政体色彩,城邦政体具有平民政体的一些性质。

现在谈一谈至今仍未讨论的组合问题。比方说,城邦的议事机构和选举官员依照寡头政体的安排,法庭的组成依照贵族政体的规定;或者法庭的组成和议事机构依照寡头政体的安排,官员的选举依照贵族政体的规定;又或某种组合对有些城邦体系并不适合。

前文已解释②哪一类型的平民政体适合哪些城邦,哪一类型的寡头政体适合哪些民众;哪一类型的其他政体对哪些民众有利。除了确定每个城邦实行哪一类型的政体最适宜之外,还应当探讨组建这些和其他类型的政体的适当途径。现就此做一扼要论述。

---

① 指前文第四卷第 4 至 6 章未曾阐明。
② 见第四卷第 12 章。

首先讨论平民政体,这同时有助于阐明相反的政体(惯称寡头政体)的组建方法。

为了探讨各个类型的平民政体的组建途径,需要确定平民政体的所有性质和特点,因为它们的不同组合造成各个类型的平民政体。平民政体之所以有不同类型,原因有二。其一,前文已提及,就是各邦的民众不同。民众也许是一些农民,或者工匠,或者雇佣工人。如果农民加上工匠,或者雇工加上农民和工匠,将使平民政体的素质或提高或下降,而且使其类型改变。其二,是现在所要说明的:平民政体的各个特点和性质的不同组合,造成不同类型的平民政体。有些类型的平民政体具有这些特点和性质多些,有些类型的平民政体具有这些特点和性质少些,还有一些类型的平民政体则具有所有这些特点和性质。如能了解这些特点和性质,无论是组建新类型的平民政体,还是在现存政体的基础上进行改革,都是有助益的。城邦政体的建立者试图包罗一切适合政体基本原则的特点和性质。我们在讨论政体的倾覆和保全的原因时,已指出这种做法是错误的。现在谈一谈各类型平民政体的基本原则、伦理品质和所追求的目标。

第2章

平民政体的基本原则是自由。人们一般认为只有平民政体才能享有自由,^{1317b}因为他们认为自由是所有平民政体所追求的目标。自由有各种形式,其中一种形式就是公民轮流统治。平民政体的公正原则建立在量方面,而不是质方面[1];按照其公正原则,民众必然应拥有最高权力;大多数人的决定必然公正,而且是最终的

---

[1] 建立在质方面的公正原则系指按个人的功绩、才德高低享有政治权利。

决定。他们说公民应当平等,所以在平民政体中,穷人拥有的权力高于富人,原因是穷人人数多,而大多数人的意志具有最高的权威。这种形式的自由是所有拥护平民政体者一致同意的原则。另一种形式的自由是随心所愿地生活,人们认为这是自由的特征。不能随心如意地生活则是被奴役的特征。这是自由的第二原则。由此产生如下的要求:不受他人统治,最好不被任何人统治;如果做不到,就轮流当统治者和被统治者,这样有助于建立在平等基础上的自由。

以上这些就是平民政体的要义和原则。平民政体的特点包括:各级官员从全体公民中选出,公民享有选举权和被选举权,个人受全体统治,也轮流统治全体;所有行政官员(或所有不需要经验和技术的职司)以抽签的方式任命;出任公职并无法定财产标准(或者财产标准订得很低);同一官职不得两次出任,或只能偶一为之(或只容许少数例外,例如军职);所有官职(或绝大多数官职)的任期短暂;全体公民参与裁决(或从全体公民中选出法官,职司裁决)一切事宜(或大多数事宜),包括所有重大事项在内——例如审查公款账目、制度问题和私人契约;公民大会对所有方针政策(或大政方针)拥有最高权力,而行政官员对方针政策(或绝大多数方针政策)不能擅自做主(如果没有充足的资源给全体出席公民大会者补贴,议事会是所有行政机构中平民政体色彩最浓厚的;如果资源充足,议事会的权力即被剥夺——大家都有补贴可领,人们就会包揽案子,一如前文所述[①])。平民政体的另一个特点是发放补贴,最理想的情况是给所有部门——公民大会、法庭和行政机构发放补贴。如果做不到,则只发放给特定行政机构、特定法庭、公民大会最高会议和议事会,或者规定须一起用膳的行政机构。寡头政

---

① 见第四卷第15章。

体论出身高贵、财富和教育；平民政体与此相反，论出身寒微、贫穷和职业低贱。后者还有这样的特点：取消官员终身制，或限制官员权力，[1318a]并且不以选举方式，而以抽签方式委任官员。

以上这些就是所有类型的平民政体的共同特征。但平民政体或真正的人民政权建立在公认的平民政体公正原则之上，即人人平等（公正原则建立在量方面）。人人平等意味着：穷人拥有的权威不高于富人，换言之，不单单是穷人执政。如此，人们当可认为平等和自由得到落实。

第3章

接下来的问题是平民政体如何实现平等？是否把公民财产总和分成相等的两半？比如说其中一半由500人拥有，另一半由1 000人拥有，而较穷的1 000人的权力与较富的500人权力相等？抑或采用另一种办法，从这500人和1 000人中分别选出数目相等的代表，由这些代表掌管选举事宜和法庭？按照平民政体的公正概念，到底是上述制度公正呢，还是纯粹基于量方面的制度公正？拥护平民政体的人认为大多数人的意志就是公正，支持寡头政体的人则以拥有财产的人中大多数的意志就是公正（因为他们主张以财产的多寡为参政的准则），两种立场各有其不公正和不平等。如果说公正是少数人的意志，那么，个人财富超过城邦各富室的总和者，依照寡头政体的原则，应当独自拥有权力——这与僭主政体并无差别。如果说公正是多数人的意志，前文已提到①，他们会施行不义，没收少数富室的财产。

根据双方所主张的公正原则，双方都能接受的是哪一种平等

---

① 见第三卷第10章。

呢？双方都说大多数人的决定应具有最高权威，这固然言之成理，但有稍加修正的必要。城邦由两个部分——富人和穷人组成，凡是为两个部分或者每一部分的大多数同意的应具有最高权威，假定城邦的富人和穷人意见相左，依然是大多数的决定具有最高权威，不过"大多数"系指公民财产总和较多的一方。举例来说，假定有 10 名富有的公民，20 名贫穷的公民，在某个问题上，6 名富人与 15 名穷人意见相左，剩下的 4 名富人附和 15 名穷人的意见，剩下的 5 名穷人则赞同 6 名富人的意见。在这种情形下，把 6 名富人和 5 名穷人的财产总值与 15 名穷人和 4 名富人的财产总值做一比较，值大的一方的意见应具有最高权威。如果双方的财产总值相等，问题也不难处理。在今天，公民大会或法庭内双方意见相持不下的情形并不罕见，都是用抽签方式或者其他类似的权宜手段解决。

1318b 平等和公正的理论性探讨并非易事，但更困难的是，说服有权势的公民放弃他们可轻易获取的更多利益和好处。弱者一向争取平等和公正，而强者对此满不在乎。

第 4 章

前文已阐明①四种类型的平民政体中以第一类最优良，它也是平民政体的最早类型。我所称的第一类是依百姓的类别而定的，农夫是最好的老百姓——如果老百姓大多以农牧为生，平民政体的建立毫无困难。这些人身无长物，忙于耕作，因此甚少出席公民大会。农夫缺衣少食，终年胼手胝足，没有什么非分之想。对他们来说，治理城邦和参加公共事务不如务农感觉踏实，除非出任公职会带来实际好处，否则他们毫无兴趣。普通百姓要的是实利，而不

---

① 见第四卷第 4、6 和 11 章。

是名位。君不见往昔百姓忍受僭主统治,时至今日,只要获准耕作,收获不被吞占,也能忍受寡头统治。有些农夫很快发家致富,其余的也不再一贫如洗。除此以外,老百姓有权选举行政官,并且能向离任官员问责,这样即使有进取心的人未能出仕也感到满足。在一些平民政体(例如曼提尼亚)中,公民不享有选举官员的权利,而是从全体公民中选出代表行使选举权,同时公民可轮流出任代表。然而,许多公民因享有议事的权利而感到满足。这种制度仍然被视为平民政体,而曼提尼亚就是一例。

所以,在前述的平民政体中①,让全体公民选举官员,出席公民大会审查重大事宜和参与法庭审讯,这既有利于城邦,亦符合惯常做法。然而,出任最重要官职者应从拥有相当财产的人中选出(职位愈重要,财产标准应订得愈高),或者采用另外一种制度,即所有官职皆无法定财产标准的规定,而是择才录用。这种形式的政体必定政治修明(官员是有能之士,民众自愿选出他们,因此不存忌妒之心)。此外,有才有德者和显贵都感到欣慰,因为他们不会被素质低的人统治,而受任者也行事公正,同时其他公民有问责的权力。对任何人来说,受些牵制不能随意行事是件好事(如听任为所欲为,人性中的恶势将难遏止)。^{1319a}这必然导致对城邦最有利的结果:有能之士当政,但无法胡作非为,而一般民众获得各种应有的权益。显而易见,这是最佳类型的平民政体,之所以如此是因为普通百姓属于某类人。

在古代,为了建立农民社会,许多城邦订立了一些法律,而这些法律至今还相当有用,其中包括:个人拥有的土地面积不得超过某一数量;万一超过这一数量,其地点必须离开城镇中心或城市外围若干里。古代许多城邦甚至禁止出售原先分给每户的土地。在

---

① 并非曼提尼亚式的。

埃利斯,源自奥克斯卢的法律也有类似的规定:用作贷款抵押的土地,不得超过所拥有土地的某一百分比。在今天,有亚菲底人的法律可供参考,作为改革性措施,它有助于第一类型平民政体的组建。亚菲底的公民人数甚多,拥有的土地面积很小,但人人从事农耕。这是因为他们不按所拥有的整块土地估值,而是把土地分成许多小块,仅按一小块进行财产估值。于是,即使拥有小块土地的穷人也能达到法定的财产标准,可享有政治权利。

由牧民组成的平民政体仅次于由农民组成的平民政体,他们靠畜牧为生,其处境在许多方面与农民类似。牧民体格健硕,旷野露营习以为常,善骑射,作战骁勇。其他类型平民政体的普通百姓远逊于牧民,因为这些百姓过着低下的生活,各人的职业——工匠、商贩和雇佣工人——皆无精进之可能。再者,这几类人终日留恋市场,徘徊于城区之内,随时可出席公民大会;而农民散居乡郊,他们不出席会议,也不认为有此必要。倘若城邦领土广阔,则易于建立优良的平民政体或城邦政体,这是因为许多人不得不居住在远离市区的地方,即使市内有住民,要是乡郊的公民不能前来开会,公民大会也不能如期举行。关于最佳的第一类型平民政体及如何组建的讨论至此为止。这也有助于阐明其他类型平民政体如何组建:它们应该渐次偏离第一类型,把素质次一等的百姓包括进来;让他们成为公民;继而把素质更次的百姓也包括进来;最后的一种类型就是全体百姓都成为公民。1319b并非每个城邦都能实行这种政制,这种政体也不易持久,除非有相当健全的法律和良好的习俗(前文已阐述[①]造成这种政体和其他形式政体倾覆的主要原因)。为了建立这种政体并且扩大民众的力量,领袖人物通常尽量增加公民人数,不仅让公民的婚生子女,也让公民的非婚生子女以及双

---

① 见第五卷第 2 至 7 章。

亲只有其一为公民的子女享有公民资格。这套政策对这一类型的平民政体尤其有利,因此,大众领袖经常采取这类措施。但是,公民人数增加应有一定限度——当普通民众的人数超过显贵和中等人时,就不该增加。他们的人数一旦超出某个限度,政体就出现紊乱,显贵被激怒,再也不能容忍平民政体的存在(这正是库兰尼发生叛乱的原因)。少数几个无赖也许视而不见,但这类人愈来愈多则十分刺眼。

有些措施有利于促进这一类型的平民政体(例如,克勒斯泰尼在雅典为加强平民政体的权力所通过的以及库兰尼的平民政体创建者所采取的),这包括:广建新部族和宗社;限制家族的宗教祭祀,改私下祭祀为公开祭祀。总之,尽量设法使公民走出原来的社交圈,与其他人多来往。再者,僭主采取的措施统统具有极端形式的平民政体性质,诸如对奴隶放纵(在某种程度上,这也许是有利的)、对妇女和儿童放纵以及容许人人随意地生活。这种政府会得到许多人的拥护,因为大多数人都喜欢过着没有约束的生活,这比循规蹈矩的生活惬意得多。

第5章

对立法者或者想组建这类平民政体的人来说,政体的建立不是唯一的任务,甚至不是主要的任务,真正重要的是如何维持政体(任何政体不论建制多么不健全,两三天内也不至于覆亡)。因此,我们应当正视前文①所阐述的政体倾覆或维持的原因,并且据此建制,以确保城邦长治久安。这包括:^{1320a}凡是会造成政体覆亡的,一概严加防范;凡是能够维持政体的,统统以法律(成文法和不成文

---

① 见第五卷。

法)确立;认识到真正的平民政体(或寡头政体)的措施不在于尽量实行平民统治(或寡头统治),而在于尽量使平民政权(或寡头政权)存续。在我们这个时代,大众领袖为了讨好普通百姓,经常利用法庭把财产充公。所以,关心城邦福祉的人应当抵制这种做法。他们可立法规定:没收的个人财产不归国库,而应交与神庙,用于祭祀、节庆。这样一来,触犯法纪者仍然有所顾忌(因为课罚照旧),但民众因为没有财产归公的好处,在充当陪审员时也许不再轻易判被告有罪。城邦举行的审判应尽量减少,对诬告者课以重罚,因为他们动辄起诉显贵,但对平民却甚少起诉。所有公民都应当心向平民政体,如果做不到,至少不要把当政者视为敌人。

建立这一类型的平民政体的城邦通常人口众多,所以,要是不发放补贴就动员不了所有公民出席大会。倘若城邦缺少外来的收入,这对显贵是不利的(当局须通过土地课税、充公财产以及一些法庭陋规来取得所需款项,而过去许多平民政体被推翻的原因即在于此)。所以,如果国库空虚,就应当少召开公民大会,法庭应多设成员,而且审讯以数天为期。这样的制度有两个好处:第一,富人不必担心负担过重(虽然他们自己不领补贴,但是当局需要款项给穷人发放补贴)。第二,法庭审案将更加持平,因为富人现在也列席听讯(他们一向不愿意列席,主要是因为开庭的这段时期不能料理私人业务,若是仅离开数天,他们倒不在乎)。如果国库充裕,能够支付补贴,也应当避免目前大众领袖的做法——他们惯于把剩余的款项分给大家(人们领取后又立刻再要,这种接济穷人的办法有如漏瓶灌水)。真正具有平民精神的政治家有责任确保民众不至于太穷,因为极端贫穷是平民政体败坏的原因之一。

应当竭尽一切努力使城邦长期繁荣,这对富人和穷人皆有利。正当的做法是把剩余的各种款项都集中起来分配给穷人,其数额足够他们买一小块土地;退而求其次,可以作商贩[1320b]或务农的本钱。如果公款不够多,不能惠泽全体穷人,应当按部族或部分依次发放。与此同时,富人应当承担穷人出席必要会议的补贴,但作为交换条件,免除履行无用的公共义务①。迦太基的当政者推行类似的政策,赢得了普通百姓的拥戴——他们不时派遣一些公民到附属领土,让他们有机会致富。再者,显贵之中慈善为怀、慷慨大度者各自照顾一群穷人,使他们能够谋生自立。塔兰顿人的做法十分值得效仿,他们让穷人共用其财产,博得民众的好感。除此以外,他们把官职分为两类:一类以投票方式委任官员,另一类以抽签方式委任官员。后一类确保民众有机会参与,前一类有助于改善治理。同一官职也可分为两类:一类投票委任,一类抽签委任,以达到类似的效果。

如何建立各类型的平民政体已概述如上。

第6章

从上述的各种考量,如何组建寡头政体已相当清楚。我们只需从寡头政体的对立面做推论——各类型的平民政体都有相应类型的寡头政体。

第一类也是妥善混合的寡头政体,它类似城邦政体,出任公职的法定财产标准有高低之分。符合低标准的公民可出任基本官职,而符合高标准者可出任高官要职。凡是达到法定财产标准者一律有权参与城邦治理,通过订立财产标准,可确保有权参政的人数多于无权参政者,新获准参政者应来自社会中较好的部分。次一类型的寡头政体的组建原理相同,只是把参政的资格提高。

最后是"权阀"式、僭主式的寡头政体,它与极端形式的平民政

---

① 见第四卷第4章。

体相对应,这种政体最恶劣,尤其需要提防倾覆。健壮的身体不畏风霜,坚固的船只由能干的水手掌舵,经得起惊涛骇浪。可是,体格孱弱者或者破船由能力低的水手掌舵,稍有差池,便无法挽救了。最恶劣形式的政体也是如此:亟须保持高度警惕。

一般来说,在平民政体中,政府人员多使政权得以维系。[1321a]这种量的方面的公正与质的方面的公正是对立的。寡头政体的维持显然是靠质的方面的优势:通过良好的组织,使政体安定。

第7章

普通百姓可以分四大类:农夫、工匠、商贩和雇工;而军队也可以分四种:骑兵、装甲步兵、轻装步兵和海军。如果城邦境内川原适宜大规模牧马,这样的自然条件有利于组建强大的寡头政体(因为住在这些地区的居民需要靠骑兵来保障安全,而且只有富户才能养得起马匹)。如果川原适宜装甲步兵练武,自然有利于第二类型寡头政体的组建(因为装甲步兵几乎是富人专属兵种)。轻装步兵和海军的兵员则统统是普通百姓。由于平民人多势众,目前城邦如发生内讧,寡头总是处于下风。如要扭转这种局面,应当仿效一些军事将领的组编办法:在骑兵队和装甲步兵中,配备适当数目的轻装步兵。在内战时,穷人依仗轻装步兵打垮富人:轻装步兵比骑兵和装甲步兵敏捷灵活,屡居上风。因此,寡头统治者组建一支由平民组成的轻装步兵,无疑是替对立的一方养兵。可是,城邦中服兵役的公民按年龄可分为年纪较轻者和年纪较大者,寡头统治者可让他们的年轻儿子接受轻装军事训练,等到他们长大后,从中选拔一些加入轻装军旅服役。

寡头统治者还应当让民众参与城邦治理。前文曾提及,符合法定财产标准者享有参政权。如忒拜,若干年不从事工匠、商贩等低贱工作的人可以享有参与城邦治理的权利。又如马撒利亚,当局把有能力者列入官职候选人名单,不论他们本来是否享有参政权。

再者,权力最高的官职必须由寡头统治集团的成员出任,但应当规定高官必须履行一些公共义务,这样平民就不会在意高官要职没有他们的份儿——看到高官须为其特权付出大笔钱财,平民对统治者会比较容忍。新官履任宜乎大事献祭或者在其任内兴建工事,平民参加庆祝看到城邦内奉献谢恩的雕像和建筑,也许乐于见到寡头政体国祚长久,况且留传后世的建筑也是显贵不吝惜钱财的标志。可是目前的寡头统治集团非但不这样做而且作为恰恰相反,[1321b]他们既好名又贪利,所以把这种寡头政权称为小型平民政体①倒是挺适当的。

第8章

以上是各类型平民政体和寡头政体的组建方法。接下来自然需要探讨官职的适当分配、官职的数目、性质和职司——这个问题前文已有论述②。有些官职是绝对必要的,不设这些职位,城邦就不成为城邦了——倘若没有主管社会秩序和公共行为的官职,城邦的治理就不可能妥善。再者,前述③小邦所设官职非少不可,大邦官职非多不可,因此,也有必要研究哪一些职位可以合并,哪些职位需要分设。

第一种必要的官职是市场监理,职司监察商业契约和维持市场秩序。所有城邦都少不了买卖交易,互通有无,这是实现自给自

---

① 指平民政体的官员出任官职是为了赚利。
② 见第四卷第 15 章。
③ 见第四卷第 15 章。

足最便捷的办法,也是人们之所以组成共同体的原因。第二种必要的官职是所谓城市总监,负责监察城中心的公共和私人建筑的修葺(目的是维持市容)、房屋和道路的保养维修、土地边界的划定(避免公民彼此间发生土地纠纷)以及诸如此类的职务。城市总监之下又设置各个不同部门,在人口多的城市,分别由不同官员掌管。例如,一人管理城墙事务,另一人专司水源,又一人负责海港业务等。还有另一种必要的官职,职务同前一种十分相似,只不过其管辖范围是乡郊和城外地区,这些官员称为乡郊总管或林地总监。

除了这三种职司以外,第四种职司是税务官员,负责征收和保管公共收入,并按规定分配给各个部门。这一职司的官员称为税官或司库。

第五种必要的职司是私人契约和法庭裁决的登记事宜。起诉书均存放于此职司机构,司法诉讼也是在该处提起。有些城邦在此职司之下设置各个部门,但其他一些城邦则只设一个总办公厅,主管所有事宜。这一职司的官员称为公共注册官、总监、注册官或其他类似头衔。

第六种职司与第五种职司相关,但却是最必要和最不易担任的官职,它专司执行法庭的判决、依政府公布名单收取罚金和其他应缴款项以及监守罪犯。[1322a]这些职务招致公愤,官员极不好当,所以除非有很大的好处,否则公民一般不肯担任——即使受任,也不愿依法严格行事。然而,这个官职是绝对必要的。司法判决如果不予执行,则司法审判是徒然的——人们固然无法生活在缺乏司法审判制度的社会,也无法生活在司法判决不予执行的社会。这个官职既然惹人憎恶,不宜由一人出任,可委任属于不同法庭的成员数人。此外,把公民列入欠款人名册①的工作最好也由数人担

---

① 指应向政府缴交款项者。

任。在刑罚的执行方面,也应当如此。在有些情形下,宜乎由一批法官执行,尤其是前任法官的判刑,宜乎由继任法官执行。至于应由同期法官判刑并予执行者,最好是一个法庭的判刑,由另一个法庭执行。例如,市场监理的课罚由城市总监执行,而城市总监的课罚则由其他官员执行。一般而言,若民众对执行者的反感不那么大,刑罚的执行也就较顺利。刑罚若由课罚的法官执行,则民众对他们的反感倍增;如果判刑的法官经常是执行者,他们必然成为众矢之的。

在许多地方,监守犯人的官职(如雅典的"十一人"典狱)与执行刑罚的官职由不同的官员出任。宜乎分设官职,务使其不招愤恨。监守官与执行官都是必要的官职,但贤者尽量推辞这类官职;不肖者根本不能予以任用,因为他们非但不宜,甚至本身就需要有人看守。故不必设立一个职司专事监守或长期任职,可由年轻的受训新兵或守备队员充当看守员,同时由城邦各部门的官员轮流出掌。

上述官职属于最必要的第一类。第二类官职同样必要,而且级别更高,因为需要历练和忠诚。这类官员职司卫戍城市以及其他军事任务,无论是战时还是和平时期,都是必设的官职,专事保卫城门和城墙,召集和检阅公民。有些城邦为此设置多名官职,其他一些城邦则仅设官员数人,小邦甚至只有一名官员负责所有事宜,这些官员称为将军或统帅。[1322b]如果城邦内有骑兵队、轻装部队、弓箭手和海军,有时候设置各职司分管,分别称为海军司令、骑兵将军和军团司令,下设舰长、骑兵大队长等,其下又设各个军职。所有这些军职隶属军事司令都。

以上是这个职司的情况。由于绝大多数职司都有相当数额的公款经手,有必要设置另一个职司,专管收支项目,加以稽核。这些官员称为稽查官、审计长、会计长、财务主任等。在所有这些官职之上,还设有一个职司,专管所有公共事务。在许多城邦中,这个职司有权向公民大会提案以及做成决定。在有些城邦,这个职司的权力稍逊,倘若平民拥有最高权力,则由该职司主持公民大会会议,因为公民大会必须有召集人。这些官员称为议事预审官,在平民政体中,他们惯称议事。上述是主要的政治官职。

另外一类官员负责宗教事务。祭司和庙祀负责神庙的保全和修缮以及管理其他祀祭神明之所。在小邦,这些事务全归一个职司管理;大邦则除祭司外,还设置多个职司,例如,典祝、坛庙守护、祭祀财产监管等。另有一个相关的官职,专司规定不由祭司主持的全邦公祭。这个职司的官员享有在城中公堂神火前祭祀的殊荣。这类典礼的主祭,有些城邦称为"执政",有些城邦称为"王者",又有些城邦称为"总长"。

这些职司都是必要的官职,现加以分类:第一类有关祭祝、军务、财务收支、市场、城市、港口、乡郊,第二类有关法庭、契约注册、执行惩罚、监守犯人、审计稽核账目和审查官员业绩,第三类是有关公共事务的审议。

除此以外,有些城邦比较富裕,注重社会秩序,特别设置妇女监护、法律监护、儿童[1323a]监护和体育训导等较闲的官职。这还包括体育竞赛、狄欧尼修节庆竞赛和其他类似观赏活动的监管职司。其中一些显然是平民政体没有的官职,例如,妇女监护和儿童监护——穷人不拥有奴隶,由他们的妻儿做奴仆所做的杂役。

有三个职司负责指导某些城邦最高行政官员的选举事宜:其一是法律监护会,其二是议事预审会,其三是议事会。第一种属于贵族政体,第二种属于寡头政体,第三种属于平民政体。

各种官职的性质已概述如上。

第七卷

第 1 章

倘若想对最优良形式的政体进行切实的研究,首先必须确定什么是最合宜的生活。如果无法确定什么是最合宜的生活,也就不能确定什么是最优良政体。这是因为若是生活在现实条件许可范围内治理最妥善的城邦政体,除非有完全意想不到的情况,人们理应过着最佳的生活。因此,我们应当先确定对所有人(或者几乎所有人)来说最合宜的生活是什么,然后再确定最合宜的个人生活与最合宜的城邦生活是否完全相同,抑或相异。

考虑到关于最优良生活的院外著述①相当充分和全面,我建议采用其中的论述。无可争议,好的事物分三类:有用的外物、健康的身体和灵魂的善德,而幸福的生活必须三者兼备。有些人完全缺乏勇毅、节制、公正或智慧(害怕扰人的苍蝇、暴饮暴食、因小利牺牲最好的朋友、像孩童或疯子般没有头脑和易受哄骗),谁会说他们是幸福的?尽管大家都会同意上述各点,但对好事物的程度深浅以及相对重要性却有不同意见。有些人认为略具德性便足够了,但对财富、土地、权力、名声等的追求却没有止境,多多益善。我们可以告诉这些人:根据观察,人们并不靠外物达致和保留德性,^{1323b}而是靠德性获致外物。不论人们从快乐还是德行(或者两

---

① 据说本书《政治学》是学院内的著述,院外著述是指亚氏自己的通俗著作还是其他哲学家的著述,学者对此未有定论。

者)中找到幸福,才德之士虽拥有外物不多,但感到幸福者总是多过拥有超量外物的无德无才之人。这个观点可以在实际经验中得到印证;从理论层面探讨,也得到同样的结论。凡是外物,一如任何器具都有个限度,而一切有用的东西有各自的用途。如果超过限度,若不是对该物拥有者造成损害,便是没有任何好处。灵魂的每种善德却不然:善德愈高,效用必愈大(如果说善德除"高尚",还有所谓"用途"的话)。概而言之,可以断言:甲物的最佳情况之于乙物的最佳情况,一如甲物本身之于乙物本身①。因此,如果灵魂比外物或身体更宝贵(就本身价值以及对我们来说),灵魂的最佳情况必然比外物或身体的最佳情况宝贵。再者,我们企求外物和身体健康是为了灵魂,因而所有通情达理的人都想要得到这些东西——但向来未有企求灵魂,是为了外物和身体健康的。

假定大家都接受以下观点:个人的德性和智慧愈高,其德行和明智行为愈多,则幸福也愈大,反之亦然。神自己就是明证:他之所以快乐和幸福,不是凭借任何外在的好事物,而是由于他自己以及本性的一些品质。因此,幸福和运气必然完全不同——所有外在的好事物的原因②是偶然巧合和运气,但公正或节制不靠运气,也不是好运所造成的。

循此思路,一个幸福和(道德上)"做得对"③的城邦就是最优

---

① 此句为意译,见巴克英译本。举例来说,最完美的人优于最完美的猴子的程度相当于人类优于猴子的程度。

② 亚氏认为自然由可感知的本体和偶然事件组成,他用物质因、形式因、动因和终极因来解释自然的变化。运气本非原因,但在偶然巧合之下,可成为原因。例如,债权人为了与债务毫不相干的缘故外出,途中巧遇债务人,于是讨回欠债。外出遇见债务人纯属巧合,但好运成为讨回债款的原因。

③ 希腊文中"做得好"有"做得对"的含义,也有"繁荣"的含义。不少英译者指出,因为一词多义,这有助于亚氏的以下推论:(道德上)"做得对"就是"做得好",而"做得好"系指繁荣,于是,(道德上)"做得对"的城邦必然繁荣。一个幸福和(道德上)"做得对"的城邦乃是幸福和繁荣的城邦,当然是最优良政体了。

良的城邦。(道德上)"做得对"意味着做道德上应该做的事,而后者与善德和审慎是分不开的。所以,城邦的勇毅、公正、明智、节制与配称勇毅、公正、明智和有节制者个人品质的表现形式是一模一样的,而且具有完全相同的效力。

在开始探讨最优良政体时,不可能完全不论述这些问题,但也不可能就这些问题逐项论证——这属于另一项研究的范围。作为引言,以上的评论应当是足够了。目前,让我们假定:最优良的生活(无论是个人还是城邦集体)是具备充足物质条件以便实践善德的[1324a]德性的生活。如果有人不同意这个主张,我们在当前的探讨中暂不反驳,日后再做答辩。

第2章

现在有待解答的问题是:城邦的幸福与个人的幸福是否相同?抑或相异?毫无疑问,大家认为两者是相同的。有些人认为财富就是个人的幸福,因此富邦的生活是幸福的。有些人最推崇僭主的生活,于是版图最大的帝国就是最幸福的国度。另一些人认为个人幸福的多寡视乎其德性的高低,故城邦具备的德性愈多,其生活愈幸福。

这引起了两个值得探索的问题:第一,哪一种生活方式较合宜?究竟是当积极的公民,参与城邦的各种活动,抑或像外邦人般生活,对政治不闻不问?第二,哪一种政体最优良?城邦的最佳情况是什么(无论是参与城邦治理对所有人合宜,还是只对大多数人合宜,对有些人不宜)?由于政治理论和考察的课题是城邦良政而非个人善行,第二个问题属于我们目前的探讨范围。第一个问题对我们来说仅是次要的,因此下文主要是讨论第二个问题。

人人能做得最好、过着幸福生活的政治体系显然是最优良政体。不过,就算同意德性的生活最合宜,到底是实践的政治生活抑或完全不受外物影响的生活,例如,沉思的生活(有人坚持这是唯一值得追求的生活)较合宜?古往今来,有志追求德性者多选择这两种生活(政治生活和哲学生活)之一。哪种选择正确是很重要的,因为明智者必然朝向最佳目标做生活规划,无论个人或共同体(城邦)都是如此。

有些人厌恶对邻近民族施行统治,认为如果行专制统治是最大的不公;如果依法统治,即使没有违反公正原则,仍然会妨碍个人适意的生活。有些人持相反的看法,认为实践的政治生活是唯一值得追求的生活——[1324b]以每项德性的实践来说,私人生活所提供的机会不比政治和公共生活多。另有一些人却认为专制式和僭主式的政体是唯一幸福的政体——在有些地方,政体和法律的特质就是促进对相邻民族的专制统治。

大多数城邦的法律相当复杂,如果说各邦法律有什么一致的宗旨,那就是建立强权。所以,在斯巴达和克里特,教育和大部分法律主要着眼于战争。雄踞一方的蛮族无一不尚武,例如,斯居泰、波斯、色雷斯和凯尔特。确实有些民族甚至制定法律,激励作战时的士气。传说迦太基的战士每次出征都被授予腕环一只,手臂佩带腕环愈多,就愈荣耀。马其顿以前也有法律规定:从未杀敌者腰间不得佩带,只准束络。在斯居泰人的庆宴上,凡未杀死过敌人的男子,不得饮传杯之酒。好战的伊卑里亚民族依风俗在男子坟墓四周铺尖石块,石块总数与该人生前弑杀人数相等。其他一些民族也有许多类似的做法——有些民族法有明文规定,有些则是传统习俗。

策划如何征服和统治邻国(不管当地人民愿意与否)是政治家的本分,我们若对此进一步探讨,即发现这种想法可笑。征服统治他邦根本就不合法,怎么会是政治家或立法者该做的事?这种方式的统治就算公正也不合法，更遑论不公正了。强权未必有理，我们在其他学科或技术，都没有发现类似的行径。医师对待病人、舵手对待海员，都不运用强迫或诱骗手段。然而，看来大多数人认为专制治术是治理手腕，把自知不公正和不利的做法加诸别人，却毫不感到羞愧——他们要求政府予以公正对待，至于政府怎样对待别人，则毫不在乎。依自然本性，有些人天生自由，有些人需要受人统治，既然如此，就不应当对所有人施行专制统治，而只能施加于天生适合受统治的人。谁也不会猎取人类以作食物或祭品，而仅仅猎取可作食物或祭品的动物，即可供食用的野生动物。

^{1325a}闭关自守的城邦无疑也能够成为幸福的国度（假定在某个角落依健全法制建立一个城邦）——只要治理妥善；其体制安排不以战争或征服敌人为目的——按照假定的城邦地点，这类情况不会出现。结论很明显：虽然加强战备通常被视为十分光荣，但它们毕竟不是一切事物的最终目的，只是达成最终目的之手段。优秀的立法者的任务在于研究城邦、民族和其他任何共同体，如何共同享有优良生活以及能达致的幸福。立法应当因地制宜——如果周邻有其他民族，立法职司包括了因应这些民族的特点采取不同态度，以及针对特定的对象，采取各种适当的措施。

至于最优良政府的目的应当是什么，宜乎以后探讨。

第3章

一些思想家认为德性的生活最合宜，但他们对如何达致德性的生活莫衷一是。有些学派排斥政治权力，认为独立的自由人的生活与政治家的生活截然不同，只有前者才是最合宜的。另有一些学派认为政治家的生活是最好的，理由是如果什么都不做，也就不可能"做得好",而"做得好"等同于幸福①。两派各有所见,亦各有所弊。前一派认为自由人的生活优于主人的生活——这当然是正确的:主人把奴隶当作奴隶来使唤,本身无足称道,因为命令他人做日常杂务,这不算什么高尚活动。然而,认为各种所有形式的权威都是"主人对奴隶式"的权威,显然是错误的。对自由人行使权威与对奴隶行使权威两者之差别有如天生的自由人与天生的奴隶。关于这一点,本书第一卷已有详尽的论述。除此以外,这一派认为不活动胜于行动,这也是错误的。幸福是一种活动状态,高尚的事物大多是通过公正和有节制的行为而达致的。

有些人也许同意上述观点,但他们认为最高权力是最好的事物,因为有权就能够尽量地做出高尚行为,因此,能够行使权力的人非但不应把权力拱手让人,反而应把他人的权力攫取过来。在这方面,父亲可不顾儿子,儿子可不顾父亲,朋友可不顾彼此,为了这个更高的目标,完全不必考虑到其他人。这是因为最佳就是最合宜,而"做得好"②就是最佳。假如盗劫和使用暴力的人^{1325b}确实达致最合宜的事物,以上的说法或许有道理。不过,这恐怕是不可能的,因此这个假定并不成立。既然行为者并非大大优于他人(犹如男人优于妇人、父亲优于儿子、主人优于奴隶),那么就不可能做出极高尚的行为。所以不论犯法者日后取得多大的成绩,始终弥补不了先前的败德行为③。在同等人组成的社会,大家轮流执政才符合平等公正原则;而同等人得不到相同的待遇,或者对不相平等的人给予平等地位,都是违反自然——任何违反自然的事物都是

---

① 政治家"做得好",城邦便会繁荣和幸福。另参考第181页脚注。
② 见注①。
③ 败德行为包括为获得最高权威夺取别人的权力等行为。亚氏间接反驳了最高权力是最好的事物,应当不惜一切代价地获致。

不妥当的。因此,倘若有人在德性方面以及高尚行为的能力方面都比我们优越得多,我们应当追随和服从他。显然,单单具备德性是不够的,必须同时具备行动的能力。

如果上述论点成立,幸福被视为与"做得好"相同①,那么,有行动的生活无论是对个人,抑或对集体(城邦),都是最优良的生活。但有行动的生活不像有些人所假定的,必须涉及与其他人的关系。活跃的思辨生活也是有行动的生活,而且也不限于行动与结果之类的思辨,更多的是纯粹以思辨为目的或为思辨而思辨。这是因为这类思辨的目的是"做得好",因此在某种意义上也是行动。即使行动发生在外部,也算是某种形式的行动——运用头脑构思指导他人工作者,一般被称为总技师,这说明了这类工作完全符合行动的定义。

确实,就算位于一隅奉行闭关自守政策的城邦也未必过着缺乏行动的生活。城邦的各个不同部分彼此间可建立许多相互关系,同时各个部分有各自的活动。对任何个人来说,所有一切也是如此。否则的话,神和整个宇宙的处境都不顺遂,因为它们除了自身运作以外,没有任何外在行动。

显而易见,个人最优良的生活方式也就是集体(城邦乃至全人类)最优良的生活方式。

第4章

经过以上一般性的介绍,前文各卷②探讨了其他所有形式的政体,有待讨论的第一个问题就是建立理想城邦的必要条件是什么?没有适当的物质条件,理想城邦是不能实现的。因此,我们不得不

---

① 见第181页脚注。
② 见第四至第六卷。

预设一些假想条件（但并非实际不可能发生的条件），这包括公民和领土，等等。所有工匠（例如，纺织工和造船匠）[1326a]都必须具备本行所需的材料，而材料的状况愈合宜，则制成物件的品质愈高。同理，政治家和立法者也必须具备合宜的材料。

城邦所需的首要材料是人口，公民人口的数量和性质为何？关于领土，则是领土的大小规模和性质为何？大多数人以为幸福的国度理应是大邦，即使如此，他们并不真正懂得所谓大邦。他们以城邦人口数量为准绳，人口多的就是大邦。然而，大邦的评定标准应当是国势的强弱，而非人口的多寡。个人需要执行任务，城邦也一样。最能妥善执行城邦任务的国家堪称最伟大的城邦，恰如人们称希波克拉底比那些身材高大的人"伟大"（作为医师，而非作为单个的人）。就算人口数量是评定城邦大小的准绳，也不应把每个人点算在内，因为城邦内通常总有大批奴隶、侨民和外邦人。只应点算城邦的成员，即城邦的必要组成部分。后者的人数多，则显示出国势强大。如果一个国家出征的部队是由大批工匠和少数装甲步兵组成，则该国不能称为大邦，大邦有别于人口多的城邦。再者，事实表明，人口过多的城邦不易妥善治理（这甚至是不可能的）。无论如何，据我们所知，以治理良好见著的城邦无不对人口施加限制。这一点也可以从理论层面来证实，法律是一种秩序，守法必然遵守秩序。然而人太多时，秩序很难维持，要使众多的人井然有序只有神才能做到，甚至宇宙万物也是靠神来维系。我们常常会发现数字之美和数量之美，因此，结合了数量和秩序的城邦必然是最美的。城邦像其他所有事物（动物、植物和无生命的工具）那样，规模的大小有一个限度。事物倘若过小或者过大，都不能发挥原有的功能；有些完全失去本性，有些则残缺不全。举例来说，船身长度只有六寸或者长达一千二百尺都不成为船只，就算船只不是极小也不是极大，[1326b]只是船身窄小或者笨重些，航行起来都十分费劲。城邦的情况也是这样,成员人数太少的城邦不能够自给自足(这是城邦的定义);成员人数太多的城邦虽然所有必需品自给自足(部落民族也做得到),但难以组成政治共同体,也就不成为一个城邦(谁能够在战时指挥人数如此庞大的民众?没有斯顿托勒斯①那样的嗓门,谁能给他们传令呢?)。

由此可见,当人口达到某一数量,能够组成政治共同体,过着物质不匮乏的生活,城邦才能建立起来。如果人口数量略增,便成为较大的城邦。不过,我们曾经指出,人口的增加不能没有限制。

城邦人口的最高数量应是多少?只要审视一下实际情况就能得出答案。城邦的活动有一部分是统治者的活动,另一部分是被统治者的活动。统治者的职责是做出裁决和领导民众。公民无论就司法问题做出决定或者择才任用行政官员,都必须认识彼此的品德——如果缺乏这方面的了解,官员的选择和案件的审讯难保不出纰漏。很明显,人口数量若庞大,对这些重大事宜,总是草草解决——这是绝对不应当的。除此以外,在人口过多的城邦,外邦人和侨民会混在公民当中参与城邦治理,因为人多不容易被发现。

上述各项考虑显示出城邦人口最高数量应当是既达到自给自足的条件,又不至于多到无法视察②。

关于城邦人口问题的讨论到此为止。

第5章

有关领土问题,基本上是相同的考虑。就土壤的性质来说,显然大家都想要适宜种植各种庄稼的土地,以达致高度自足——各

---

① 见荷马《伊利亚特》,此人为传令官,声音洪亮,音量五十倍于常人。
② 亚氏始终没有提出确定数目。柏拉图在《法律篇》中提出理想国的公民人口应为五千余人,并加上家属、奴隶、侨民等。

种农产品无一匮乏。就领土的范围和面积来说，应使居民能过着自由但不放任的闲暇生活。我们所订标准是否正确，留待以后再仔细研究①（在考察土地和财富的正当使用问题时——这个问题有很大争议性，由于各派的思想立场不同，将出现两种极端的生活方式：吝啬与奢华）。

关于领土疆域的一般形式问题，可逐项表述（只是在某些方面，有待听取军事专家的意见）如下：城邦领土应难攻易守，[1327a]敌人不易攻入，居民外出无阻。再者，前文所述人口数量的情况也适用于领土——应可纵览视察，以便防御。首都的位置以海陆通达最为理想。此外还有两项要求：第一，前文曾经提到，位置适中，在军事上能够增援城邦四方；第二，适合作为物流中心，尤其是粮食、木材以及制造业所需的任何类似原料的供应和运输。

第6章

对于治理妥善的城邦，海禁②究竟有利抑或有害，人们一直争论不休。有人认为让一些在其他政制下成长的外邦人进入本邦，将危及社会治安；而海运开放，商旅云集，人口自然增加，这也不利于城邦治理。这些后果如能避免，城市和疆域海道通达无疑有利于国防和必需品的供应。为了保障安全，便于克敌制胜，一国宜有海防和陆防。在迎战入侵之敌时，即使海师和陆军无法同时夹击，只要有海陆两路兵力，也常能把敌人打个措手不及。除此以外，城邦宜乎由海路输入本邦所缺物资，输出过剩物资。城邦的海运贸易应当合乎本邦利益，而非为了他邦利益。

有些城邦为了赚取收入，开放门户——如果城邦不应以这种

---

① 本书以后篇章再也没有讨论这个问题。仅有的论述见第二卷第5至6章。
② 柏拉图一直反对设海港、建海军、对外贸易等。

方式敛财图利,则不宜设通埠商场。如今,我们常常看到在疆域和城市设码头和港埠,其位置方便适中,既不是城市的一部分,又离城市不远,并且用墙垣及其他防御工事连接城市。显然,这样一来,城市可以得到码头和港埠海道通达所带来的种种好处。如果有任何不良影响,也可以订立法例,规定什么人准许与他人接触,什么人则不准。

关于海军问题,毫无疑问,拥有一支数量适中的舰队对城邦是有利的——舰队具有威慑力,^{1327b} 不仅能增强国防,必要时除陆路外,还能从水路增援邻国。至于舰队船只的大小和数目,应视城邦的性质而定。如有称霸的意图,就需要拥有实力雄厚的水师和陆军。大批水手不必成为城邦的一部分①,故城邦人口不致大量增加。在船上负责指挥和管理的全部是具有自由身份的人,他们也隶属步兵。如果城邦内有大批农夫和村民,就不愁没有水手。实际上,如今有些城邦的情况就是这样。例如,赫拉克里亚的公民人数相对来说比不上许多城邦,但却建立了一支相当规模的舰队。

关于领土、港埠、市镇、海洋和水师力量的讨论到此结束。

第 7 章

我们已讨论过公民人数的适当限度②,进而探究公民应该具有什么样的秉性。只需看看最著名的希腊城邦,然后再看看在世界各地居住的各个民族之间的差异,便一清二楚。一般住在寒冷地区的民族,特别是欧罗巴人,有奋进精神,但在知悟和技术方面稍逊,因此,他们长期过着比较自由的生活,但缺乏政治组织和统治

---

① 希腊三桨战舰需要许多水手,而雅典水手民众曾促成极端形式的平民政体。亚氏对此一直引以为戒。

② 见第七卷第 4 章。

邻国他邦的能力。亚细亚民族具有知悟和技术方面的禀赋，但刚勇不足，习惯于服从，故一直处于被统治和被奴役的地位。希腊民族则介乎两者之间，既有知悟力，亦富进取精神。因此，他们长期生活自由，国家的治理优于其他民族——如果他们能够缔结政治联盟，就有能力统治所有其他民族。此外，希腊民族与其他民族的上述差异在希腊各个民族之间也存在：有些希腊民族只是知悟力强，有些只是富有进取精神，还有一些则两者兼备。

以上论证表明：知悟力和进取精神方面有禀赋的人，立法者可轻而易举地引导其达致德性①。有些人说守护人②应当对相识者友善，对不相识者粗暴——激发热忱的灵魂机能是精神，精神使人们产生爱情和友情。^{1328a}当人们认为受到轻侮时，侮我之人若是相识或是朋友，要比完全不相识者造成更大的精神折磨，这一点就是明证。阿尔克罗科斯对友人表示不满时，为自己的精神抱屈：

　　使你暴跳如雷的正是你自己的朋友。

我们渴求自由和支配力也是源自精神，精神具有支配力而且不屈从。然而，不能说守护人就应该对不相识者粗暴③，因为，本来对任何人都不应该乱发脾气，除了对付干坏事的人以外，宽宏大度的人总是保持温文有礼。以上提到，当人们认为受到相识者不公平对待时，他们会极其愤怒。这完全是可以理解的，因为他们觉得自己不但受损害，而且相识者还辜负了友情，对他们更加有所亏欠。有诗言：

　　弟兄相争，竟是你死我活。

又曰：

　　爱之愈深，及其生恨，恨之也愈深。

---

① 具备这种禀性的人可以培养出治理城邦和建立霸业的能力。
② 柏拉图的《理想国》中的统治阶层。
③ 这句话是对柏拉图的批判。

关于城邦成员及其适当人数和秉性、关于领土疆域的适当规模和形式大概如上所述（我们观察到的事实，无法像理论探索般精确，只能言其梗概）。

第8章

以自然组合物来说，一个整体存在不可或缺的条件并非该整体的组成部分。作为自然组合物，城邦存在不可或缺的条件不视为城邦的一部分。同样地，任何一个共同体存在不可或缺的条件亦不视为该共同体的一部分。

共同体的成员必然有共同立场，不论各人所占财物是否相等，例如，粮食、土地等。可是，如果一物是手段，另一物是目的，两者的共同点仅仅是：前一物所予即后一物所得。这就像工匠或工具与制作物之间的关系：建筑工与建筑物之间没有共同点，这是因为建筑术是手段，建筑物是目的，前者是为后者而存在的。同样地，城邦需要财产（有如建筑物需要建筑术），即使财产也包括生物①，财产却不是城邦的一部分。城邦是同一等人所组成的共同体，其目的是尽可能实现最优良的生活。幸福是至善，而过幸福的生活就是德性的实现和完满运用。但在实际生活中，有些人也许做得到，有些人或许只做到一部分，而其他一些人却完全做不到。人的秉性迥异，显然这是产生形形色色的城邦以及许多不同的政体的原因。1328b 各类人追求幸福的方式和途径各不相同，从而产生各种不同的生活方式和政体形式。

现在让我们罗列城邦存在不可或缺的事物，其中包括城邦的组成部分以及城邦存在的必要条件。首先必须确定城邦所需要的

---

① 如奴隶。

各种任务,由此可知哪些事物是不可或缺的。

第一,必须有粮食;第二,技术(因为生活需要许多工具);第三,军备(因为共同体成员需要武器以对付违抗法令者以及防御外敌);第四,财源,供国内需要和作战之用;第五,宗教事务,即祭祀(此项或应列为第一);第六,也是最必需的,决定什么合乎公共利益,私人关系中什么是公正。以上是每个城邦不可或缺的基本职能。城邦并非一大群人随便地凑合在一起,而是我们所说的①生活需要能够自足的共同体。上述任何东西阙如,共同体就不可能完全自足。因此,组建城邦必须确立这些职能,也就是必须有供应粮食的农夫、工匠、军人、富人、祭司以及决定何者为必要和有利的法官。

第9章

罗列这些事物后,接下来探究是否人人都可以从事各种不同职业(是否可集农夫、工匠、议事和法官于一身),或者我们假定各类不同的人应该从事各种不同的职业,抑或有些职业只能让某类人做,其他一些职业则人人都可以做?可是,各种不同形式的政体在这方面的安排并不一样。我们说过②,可能所有人都可以从事每一种职业,或者某些职业只让某些人来做,不同的做法产生了相异的政制:前一做法属于平民政体,后一做法属于寡头政体。不过,我们现在探讨的是最优良形式的政体(就是说城邦过着最幸福的生活)。前文提到③幸福的生活离不开德性。显而易见,在治理最

---

① 见第二卷第7章、第三卷第1章和第五卷第2章。
② 见第四卷第4和14章。
③ 见第七卷第1章。

妥善的政体——人们服膺的公正并非相对于某些标准而言①,而是完全公正——公民不该过着工匠或商贩的生活,因为这种生活低贱并且妨碍德性的发展;也不宜务农,^{1329a}因为他们必须有闲暇发展德性和进行公民的活动。

  城邦还有军人以及专门审议政策和做出司法裁决的一批人,而他们尤其是城邦不可或缺的人。这两种任务是否应该由不同的人担任?抑或可以由同一批人担任?答案十分明确:从某一观点来看,可以由同一批人担任;但从另一观点来看,则由不同的人担任为宜。这两种任务的侧重点不同:审议工作需要年长者的智慧,作战需要年轻人的勇猛,确实应当由两批不同的人担任。可是,猛士勇将是不甘雌伏的,由是观之,宜乎由同一批人兼任上述两种职务,因为手握兵权者往往能够决定政权的命运。因此,唯一可行的办法就是把军事和议事职司委予同一批人,但不让他们同时兼掌两职,而是遵照自然的规律:年富力强时授予军职,年事已高,委以议事官职。把职权分别委予年轻人和年长者,这种政策是公正而有利的,因为职司的分配符合择才任用的原则。除此以外,应当把财产分配给这些人,因为作为公民,他们应处于比较顺遂的环境②。工匠或者不属于"德性的生产者"③之类的人都不是城邦的一部分。在理想政体中,这一点不言而喻。按照理想城邦的原则,幸福的生活离不开德性。要是说城邦过着幸福的生活,必然是指全体公民,而不是公民的某一部分。再者,由于从事农耕的人必定是奴隶或居住在郊野的非希腊人,财产显然应当属于公民。

  上文所列举的六类城邦要务中,只有祭司一类还待说明,而这个职司的地位至为明显。不应委任农夫或工匠为祭司——众神由

---

① 寡头政体或平民政体有各自的公正标准,它们的标准显然低于最优良政体。
② 意谓这样才有闲暇发展德性和从事政治活动。
③ 语出柏拉图,见《理想国》,500D。

公民祭祀是应有之义。政府人员分为军人和议事两类,年纪老迈者为邦国效力多年,倦勤之后,专事祀神是十分合宜的,所以,祭司一职应委予这些人。

以上阐述了哪些是城邦存在不可或缺的条件以及哪些是城邦的组成部分:农夫、工匠和各类雇佣工人是城邦存在不可或缺的,但军人和议事才是城邦最重要的一部分。此外,城邦各部分的区分有些是终身的,有些是阶段性的①。

第10章

邦国之人必须予以群分,因而农夫和战士分属不同的群体。[1329b]这既不是政治哲学家的创见,亦不是近代的发现。埃及至今仍然保留这种制度,克里特亦然。传说埃及的塞苏斯特里是这种制度的创制者,而克里特的这种制度是米诺斯王建立的。公共食堂制度古已有之:在克里特,始于诺斯王时期;在意大利,年代更为悠久。据史书记载,一位名叫意大卢的人移居奥诺特里地区,后来成为国君,于是国人不再称奥诺特里人,从国君之名而改称意大利人。他们又把欧罗巴位于斯居勒提克和拉美提克海湾之间的长岬(两地相距半天路程)称为意大利。据传说,在意大卢的统治下,奥诺特里人放弃畜牧,改务农;还制定各种法律,首创公共食堂的制度。直至如今,一些继承者还奉行这个制度和遵从某些法规。在意大利朝向图勒尼亚的地带居住着奥布科人,古称渥逊尼人,至今仍有人沿用这个名称。朝向耶比吉亚和伊奥尼亚海湾的地带称西里底斯,居住着琼尼人,他们是奥诺特里亚民族的一支。公共食堂制起源于这个区域,划分人群的政治制度则始自埃及,因为塞苏

---

① 例如,奴隶与公民的区分是终身的,因为后者是城邦的一部分,而前者却不是。城邦各部分的区分只是阶段性的:年轻的军人岁数大时可以当议事。

斯特里在位年代远早于诺斯王时期。在人类漫长的历史中,许多制度被一再发明,其次数也许多至数不清。人们受需要的驱使,想出一些必要的发明。需要一经解决,其他发展自然渐次出现,使生活更加丰富和优雅,这一通则,无疑也适用于政治制度。所有这些制度都可以追溯许多世代以前的埃及,埃及人是世界上历史最悠久的民族,早就建立法律和政治制度。所以,我们应善加利用前人之发现,并设法进一步充实。

前文①已阐明,在理想政体中,土地应当属于拥有武器和参与城邦治理的人,而农夫属于另一群体。此外,也确定了理想政体疆域的大小和土地的性质。现在讨论土地的分配问题,即应当由谁从事农耕以及农夫的性质。^{1330a}某些人主张土地共有,我们对此不敢苟同,但本着友善精神,土地应可共同使用,我们认为应确保公民在生活方面物质不至于匮乏。

关于公共食堂制,一般认为所有治理良好的城邦宜乎设立公共食堂,稍后将说明我们同意这个观点的理由②。在公共食堂用膳是公民应有的权利;但穷人因有沉重的家庭负担,常常付不起食堂规费,故而公共祭祀的一切费用应由城邦承担。应当把土地划分为两部分,一部分公有,另一部分私有。公有土地又划出一部分以承付祭祀开支,另一部分则承付公共食堂费用。私有土地的一部分设置在边境地区,另一部分设置在城市地区,以便每个公民在边区和城区各有一块土地,于是边区和城区大家生活与共。这样分配土地不但是公正、公平的做法,而且一旦边境有患,大家更加团结一致,共同御敌。倘使没有这种安排,有一些公民会低估与邻国发生冲突的严重性;还有一些公民会过于谨慎,甚至委曲求全。有些城邦订立法律,不准居住在边境附近的公民参加审议与邻国作

---

① 见第七卷第5和9章。
② 本书其余各章并没有再提到这一点。

战的事宜,这正是因为个人利益会影响到明断能力。基于这些原因,土地必须以上述方式分配。

关于应该由谁从事农耕的问题,最理想的当然是奴隶务农。使用的奴隶最好不属于同一种族,也不要精神旺盛的那种(只会埋头工作的一类无造反之虞)。若退而求其次,可用非希腊裔的村野之民,这些人具有与上述奴隶相同的性质。他们有些属于私人奴隶,在私有土地上耕作;其他一些属于公家奴隶,在公有土地上干活。稍后我们将说明应当如何对待奴隶以及为何让表现好的奴隶恢复自由是有利的。

第11章

前文已提到①,城市的设置地点尽可能海陆通达,与疆域各地往来便利。城市地势以坡地最为理想,这有以下四个方面的考虑:首先,卫生条件——这是绝对必要的。坐落在向东的坡地上,晨间受东风吹拂的城市最有益于居民健康。退而求其次,则是地势坐北朝南的城市,不受北风肆虐,宜于渡冬。^{1330b}城市所设地点必须便利政治和军事活动的展开。从军事的角度来看,有利己方外出,但敌方难以直入或包围。此外,尽可能选择有河溪和泉水流经之地。倘若没有大量的天然水源,宜乎建造大蓄水池,以积储雨水——纵使城市因战事对外交通断绝,仍能保证供水充足。居民的健康既有赖于住宅所在地以及周遭环境的卫生条件,也有赖于饮用水是否清洁。后者尤其不可忽视。个人健康与否取决于维持生命的主要养分的好坏,而空气和水就是其中最重要的养分。因此,如果有些溪水不清洁,又没有足够的井泉,饮用水宜乎与其他水源分开,

---

① 见第七卷第5章。

行事审慎的政府都应如此规定。

关于城市的设防问题,不同形式的政体各有相宜的方法。例如,高地筑城适合于寡头政体和君主政体,平地筑城对平民政体适宜,这两种方法皆不适合贵族政体,贵族政体宜乎筑建若干要塞。私人住宅区倘若按照希波达摩斯①的新式设计,则街道齐整划一,既美观又方便。不过,古代的筑城方式与此恰恰相反,参错曲折的地方非常之多,敌军不容易摸清进入途径,偷袭者也难以找到撤退的道路——基于战时的安全考虑,旧式建筑是比较可取的。因此,宜乎把两种筑城方式的优点结合起来:可仿照农夫在斜坡上种植葡萄一般(有人称为"簇状"),即住宅的布局是不规则的;但在城市的某些部分和地区,街道却可排成直线,从而兼顾安全和美观这两个方面。

至于城墙问题,有人主张标榜武勇的城邦不应该建筑城墙,这个观点早已落伍,只需看看一些史实就知道所谓武勇不可恃②。如果敌方兵力与我方兵力相当或略强,靠城垣来防御的确有失军威。可是,有时候敌方与我方兵力悬殊(这种情况总有可能发生),勇士猛将也会招架不住,如要保全城邦免受蹂躏和屈辱,以坚固的城墙为屏障乃用兵之良策。[1331a]如今弓弩和其他攻城器械日益精良,因而尽可能建筑最巩固的城墙尤为重要。主张在城市周围不必筑墙犹如把疆域内的险阻夷平,门户大开,便利敌人随时进入。这好比主张私宅不砌围墙,以免住户养成懦弱的个性。除此以外,应当看到设有城墙的城市可有两个途径选择:既可固守城池,亦可引兵出击,然而,不筑城墙的城市则只有其中一个途径。

以上论据如果成立,城市不但应该筑城墙,而且应当经常修

---

① 见第二卷第 8 章。公元前 5 世纪希腊城市设计家。
② 斯巴达曾自恃勇士猛将众多,能逐敌人于境外,故而无需筑城墙。但于公元前 369 年败于忒拜,埃帕米农达率军长驱直入。亚氏似以此为史鉴。

茸,保持其外观,并且增加御敌设施,以防新的攻城之计。攻城者的策略和器械日新月异,守卫者亦当殚精竭虑,设法抵御迎击。只要善于守备,敌人就不敢妄想入侵。

第12章

城墙蜿蜒,故而每隔一段距离便应设置卫所和碉堡,而按照公共食堂制,应把公民配置于各个食堂,因此在卫所设公共食堂不失为相宜的安排,这确实是可行的。专门祭祀的神庙和高级行政官员的公共食堂地点宜适中且在同一处所(但有法律规定或阿波罗神谕宣示应当单独设在特殊地点的神庙,自属例外)——其位置瞩目,可供人瞻仰,而且占地利,能俯瞰四邻。在处所下面,宜设公共广场,类似帖撒利人所称的自由广场。广场内一律不准做买卖,未经行政官员传唤,工匠、农夫和其他闲杂人等一概不许入内。广场不妨为年长者辟康乐活动区,使之成为大众休憩的好去处。不过,年轻人和年长者可在不同的地方活动:年长者与行政官员在一处,但一些行政官员应当逗留在年轻人的活动区,因为在他们跟前,年轻人比较知耻不敢逾矩①。1331b除此以外,应在另外一个地方设商业广场,地点择水陆两路货物通达之处。

城邦政府人员包括行政官员和祭司,后者的公共食堂也应设在神庙附近的适当地点。主管契约、起诉、传唤到庭以及此类事宜的官员,以及监察市场和城市的官员的办公处所,应设在广场或一些公共场所附近,以商业广场一带最为合适,因为一端可供休憩之用,另一端作买卖交易之所。

郊区宜乎采用类似的安排,因为郊区官员、总监或乡区总监也

---

① 巴克尔在英译本中指出亚氏担心年轻人有同性恋的亲昵行为。

需要公共食堂和卫所,以便执行公务。此外,郊区各地都应有祠庙之建置,以供奉诸神和纪念英雄先烈。

缕述细节未免浪费篇幅——问题不在于构想出各种安排,而在于如何落实。谋事在人,成事在天,于此不赘。

第13章

现在应该讨论政体本身,治理妥善的幸福城邦应由哪些人组成?其性质为何?各人的幸福皆包括两件事情:其一,选择正确的行动目标及目的;其二,找出达成这些目标及目的之行动。手段与目的之间既有相符合的,也有相抵触的。有时所选的目的十分正确,但采取的行动无法达成目的;有时所采取的手段非常有效,目的是达到了,但所选的目的却是不当的;还有些时候,手段和目的两者皆不当——例如医术,有时医师不但误诊病人健康的应有条件,而且无法达成治疗目标。凡属技艺和学术,目的和实现手段都应当好好地加以掌握。

幸福和合意的生活显然是所有人所企求的。不过有些人有能力实现这个目标,而有些人由于禀赋或机遇始终无法达致(因为合意的生活需要某些物质条件,[1332a]而禀赋低者在这方面的需要比禀赋高者要多)。还有其他一些人,虽有能力达致所追求的幸福,但从一开始就有偏差①。我们考察的宗旨在于辨识最优良政体,即城邦治理如何最妥善。只有最有希望获致幸福的城邦堪称治理最妥善,因此,我们显然必须确定什么是幸福,才能确定什么是最优良政体。

我们主张——《伦理学》②(如果该书有关讨论还有点用处的

---

① 意指他们误解幸福的性质,选择目标不当。
② 见《尼各马可伦理学》第一卷第7章。

话)对此已有规定——幸福是德性的实现和完满运用,是"绝对的",而非"相对的"。"绝对的"系指有内在价值的高尚事物,"相对的"系指必需的事物。例如,司法行动、课刑或惩处确实是道德的行动,但它属于必需的行为,如果说它是高尚行动,其价值也是来自必要性(如果城邦或个人从来不用诉诸这种行动,那就更好了)。反观达致荣誉和使人丰足的行为,却是有内在价值的高尚行为。"相对的"行为只是消除恶的事物,而"绝对的"行为却是善的事物的基础与创造。善人固然可以妥善应付贫穷、疾病和其他不幸等恶的事物,但幸福毕竟处于恶的事物的对立面[①]。我们在《伦理学》中对此曾有讨论[②],个人因德性禀赋而居绝对优势者才是真正幸福的善人——很明显,这些优势的利用必须显示绝对的善,并且具有内在价值。可是,有些人因此以为外在物就是获致幸福的原因,这就好比把悠扬的琴声归因于竖琴,而非乐师的琴艺一样。

基于上述分析,可知城邦的某些条件从一开始就具备,其他一些条件则须由立法者用心经营。因此,我们只能祝愿城邦通过安排能获取充足的物资,因为外在物的多寡有无要靠运气(这一点不言而喻)。然而,城邦的德性却不靠运气,而是知识和抉择的结果。城邦之所以优良是因为参与政治的公民的德性,而在理想城邦中,全体公民都参与治理。因此,我们应当探讨一下如何才能具备德性。即使并非每个公民都具备德性,公民作为一个集体具备德性也是可能的。但是,最好是每个公民都具备德性,这样公民集体必然具备德性。

善良有德需要三大条件:本性、习惯和理性。首先,必须生而为人(非其他任何动物);其次,必须具有躯体和灵魂的某些品

---

① 对立面指获致绝对幸福所需的财富、健康和其他生活所需条件。
② 见《尼各马可伦理学》第三卷第4章。

质。^(1332b)可是,有些品质即使与生俱来也没有益处,因为后天的习惯会使其改变;某些品质的本性有两种可能性,习惯的力量能使其变好,也能使其变坏。除了人以外,动物凭本能生活,尽管也有一些动物的生活略受习性影响。但是,人类依从理性生活,而且只有人类具有理性。由于这个原因,本性、习惯和理性必须配合一致。人们如果信服其他途径比较可取,常会听从理性的指使,不循习惯和本性。前文曾论述①可由立法者塑造人的本性,其余就有赖于教育——学习方法包括习惯的培养和传授指导两大类。

第 14 章

每个政治共同体都由统治者和被统治者组成,因此我们必须研究一下统治者和被统治者是终身有别,还是可以混成一体。公民教育显然必须与之相适应。如果一些人与其他人的差异有如众神和英雄与人类之间的差异——前者无论是躯体还是灵魂都远比后者优越,而且后者也清楚地知道——显然宜乎前者当统治者,后者做子民,终身如此。不过,这种情况不大可能会出现。同时在现实生活中,君王与子民之间的差异不像斯居拉克斯所记载的印度国王与其子民之间那么悬殊。因此,基于各种理由,全体公民应当轮流统治和被统治,平等就是对类似的人给予相同的待遇。凡是建立在不公正的基础之上的政体皆难以存续——被统治的公民将同其他人②联合起来,试图发动政变,而政府人员人数有限,根本无法对付众多的敌人。不过,统治者应比被统治者优越——这是毫无争议的。因此,如何实现上述目标,如何让公民共同治理城邦,

---

① 见第七卷第 7 章。
② 意指农奴等。

正是立法者的职责所在。前文已提到可能的解决办法①。

同一种属中长幼有别,这是自然的现象,故而在自然的安排下,公民依年龄分为年长者和年轻人,前者适宜于统治,后者适宜于被统治。年轻人不会因为被统治而感到不满,也不会认为自己比统治者优越(尤其是当他们达到规定的年龄,便能享有同样的特权)。

因此,在某种意义上讲,统治者和被统治者是同类人;但在另一种意义上讲,他们是有差别的。所以,他们受的教育^{1333a}从某个观点来看,也必然是相同的;但从另一个观点来看,却是有差异的。常言道,如要当贤君,先做个好子民。本书第一部分②曾指出,统治分两种:一种是为统治者的利益,另一种是为了被统治者的利益;前者是专制统治,后者是"自由人的政府"。有些指令,就其指定的任务来说并无差别,但就因何而为来说③则不一样。所以,许多一般被视为低贱的工作,由年轻的自由人执行——这无疑是光荣的任务。行动的光荣与否与其说在于行动本身,不如说在于行动之目的以及因何而为。我们主张公民和统治者的德性与善人的德性相同,而且同一人应当先接受统治,然后再进行统治,所以立法者应当研究如何使公民成为善人,须接受哪些培育以及最优良生活的目的是什么。

人的灵魂分两部分:一部分自身具备理性;另一部分自身不具备理性,但能听从理性。我们认为,如果在某种意义上,堪称"善人"者,其人的美德属于灵魂的这两个部分。可是这两部分中,"目的"究竟在哪一部分?对于接受我们这种区分的人来说,答案十分

---

① 见第七卷第9章。
② 见第三卷第4和6章。
③ 亚氏认为指派年轻公民做一些奴隶的本分工作,是让他们学会如何接受统治,所以他们"因何而为"与做奴隶的人不同。

明确，因为无论是自然事物还是技术，低劣的总是以优越的为目的，而具备理性的是优越的。我们一向把理性分为实践理性和理论理性。灵魂中具备理性的部分显然也应当做这样划分，而行动与灵魂的不同部分相对应。有能力达成所有三种行动或其中两种行动①的人宁可选择灵魂具备理性部分的行动，因为每个人最想要的就是他所能实现的最高尚目的。

整体生活也可以分为工作与闲暇、战争与和平、以必要和有用为目的之行动与以高尚为目的之行动。这些事项的选择显然应与灵魂各个部分及其相应行动的选择相同：战争必须是为了和平，工作必须是为了闲暇，必要和有实效的事物是为了高尚事物。因此，政治家在拟订法律时应当考虑到上述灵魂各个部分及其功能的特点，特别是更高目标和终极目的。他还应当顾及各种生活方式和各种各类的行为。理想城邦的公民确实应当能够工作和作战，1333b 但更应当能过着闲暇与和平的生活。他们确实应当能够从事必要或有实效的行为，但更应当能做出善举。在教育儿童和青少年时期的公民时，必须惦记以上各项目标。

今天希腊人以拥有最优良政体闻名遐迩，但在政制的拟订方面，立法者显然不以实现最高目的为宗旨；在法律和教育制度方面，也未以各种德性为鹄的。他们受庸俗想法的影响，偏重培养可见实效和可图利的品性。近代一些作家与他们旨趣相近，因而看法相同。他们表扬斯巴达的政体，对该邦立法者以战争和征服为唯一宗旨大加赞赏。这种观点在理论上不难驳斥，而且已有历史事实证明其错误②。大多数人对拥有众多奴仆的主人羡慕不已，因为这给主人带来大量财富。西勃隆和许多记述斯巴达政体的作家对该邦立法者表示敬佩，因为斯巴达人训练有素，临危不乱，维持

---

① 指理论理性、实践理性以及灵魂中听从理性的部分的行动。
② 意指斯巴达终为埃帕米农达所击溃便是明证。

庞大的帝国。不过，如今斯巴达帝国已不复存在，斯巴达人怏怏不乐，这证明了立法者并不正确。斯巴达人一直遵守立法者制定的法律，法律的施行也不曾有碍，竟然过着有憾的生活，这未免太可笑了。

此外，对于立法者应该崇尚哪种政体，这些作家缺乏正确的认识，自由人的政府比专制统治优越，更加具备德性。再者，训练公民克敌制胜、征服邻国的城邦不能被视为幸福的国度，所以立法者不应受到歌颂。接受了黩兵主义可能会带来危险的后果，因为公民中的强者秉承同一原则，将以当本邦最高统治者为个人目标——这也就是斯巴达人指控鲍桑尼阿斯王的罪行（尽管他当时已位高权重）①。因此，这种原则或者这类性质的法律不应是政治家所崇尚的，不但实效方面很有问题，而且这是不对的。对个人和城邦来说，最好事物是相同的，立法者应该给公民灌输何者为最好的观念。

进行军事训练不应该以奴役不该做奴隶的人为目的。首要的是，为了不受他人奴役；其次，取得领导地位[1334a]，但行事须符合被领导者的利益，而非唯我独尊；第三，对本性该做奴隶的人实行主人统治②。立法者尤应确保本邦的法律，特别是有关军事的法律，以闲暇③与和平为目的——事实和理论都可以证明这一点。大多数以战争为目的的城邦只有在战时才维持不坠，一旦建立帝国，就开始露出败象；在和平时期，犹如不试之剑，顿失锋芒。这是立法者的过失，因为他们从未教育公民如何利用闲暇④。

---

① 斯巴达政制设两位国君。鲍桑尼阿斯王于波斯战争后曾企图当僭主。
② 希腊人认为非希腊人是野蛮人，因而该做奴隶。
③ 在亚氏的哲学体系中，"闲暇"不同于休息和娱乐，它是一种活动——灵魂具备理性部分的活动。这种活动以活动本身为目的，例如，欣赏诗歌和音乐，进行思辨等。
④ 关于闲暇与教育见下一章。

第 15 章

　　无论人是个别还是集体行事,其最终目的都是相同的——圣贤者的判定标准和最优良政体的判定标准必然也一样。因此,个人和城邦显然应当具备闲暇所需的德性,因为(前一章已一再提及)战争以和平为目的,而工作以闲暇为目的。可是,有益于闲暇和培育智慧的德性不仅包括闲暇时修养的德性,还包括工作时实践的德性,因为我们必须具备生活的许多条件才能有闲暇。所以城邦宜乎有节制、勇毅和坚忍,正如谚语所说"奴隶无闲暇",凡是不能勇毅地面对危难,就会沦为入侵者的奴隶。因此,工作时需要勇毅和坚忍,闲暇时需要有哲学的智慧。不过,无论工作还是闲暇,都需要公正和有节制,在和平与闲暇时尤其需要如此。这是因为战争使人不得不讲求公正和表现节制,在和平时期,闲暇安逸,不免骄矜放纵。条件优渥享尽荣华富贵的人尤其需要讲求公正和有节制——此等人有如诗人所谓居住在"极乐岛"上之人。他们不但需要哲学智慧而且需要有节制和公正——愈是富裕和有闲暇就愈加需要。

　　城邦如果要获致幸福和体现善德,显然应当具备这些德性。如果说不善利用生活的好条件足以使人汗颜,那么在闲暇时不善利用更是令人无地自容——有些人在工作和战争时期表现出优秀的品质,在和平与闲暇时的表现却有如奴隶。因此,我们不应当以斯巴达所用的方式培育品德。[1334b]倒不是说斯巴达人所企求的最好事物有异于其他人,而是他们认为,只有通过培育单独一种品德①才能有效获致最好事物——这是斯巴达不同于所有其他城邦的地

---

① 意指尚武。

方。由于他们高度重视外在物,外在物的享受乐趣高于各种德性的培育……由此可见,应当为本身的目的……现在必须探讨如何实现,通过哪些手段①。

前一章已确定各种德性的实现需要禀赋、习惯和理性,并且也就这些方面,界定公民应该具有什么样的秉性。但仍需探讨一下早年教育应当先训练理性还是培养习惯。理性和习惯必须相一致,两者才能达致最高的协调,否则理性对生活最高理想的判断可能不正确。习惯也可能把人引导到错误的方向。

一开始即至为明显:一如世间所有事物,在人诞生和成长的过程中,一个阶段的完成就是下一阶段的开始,前一阶段以后一阶段为目的。人的本性以理性和智慧为最终目的,所以人诞生和习惯的培养都应当循这个方向发展。其次,灵魂和躯体两者不同,我们观察到灵魂也有非理性和理性两个部分,而它们的相对应状态就是情欲和理智。躯体的形成先于灵魂,非理性部分也先于理性部分存在。从呱呱坠地开始,儿童即显露出爱憎和欲望,理解和智慧都是长大后才发展出来的——这就是证明。基于这个缘故,必须首先培养儿童的身体,然后再培育灵魂,继而节制情欲。可是,情欲的节制是以成全理智为目的,正如身体的培养是以成全灵魂为目的。

第16章

如果说立法者的职责是研究如何养育儿童,尽可能使其身体成长健全,那么他们首先应当关注婚姻问题——公民应当在什么年龄结婚,以及哪些人适合结婚。在制定婚姻法方面,需要考虑的

---

① 学者皆认为此处原文有缺漏。

第一件事就是配偶双方以及两人一起生活的时间。配偶双方生育能力盛衰期应当相吻合,这样就不至于男人尚有生殖能力,但配偶已不能妊娠,或者妇女尚能妊娠,配偶已无生殖能力(这常是夫妻间情感不睦和意见不合的原因)。其次是应考虑子女与父亲的年龄差别,两者差距不宜太大(年迈的父亲能给子女的帮助不大,而且时日无多,子女难以报答养育之恩),亦不宜太小^{1335a}(子女对几乎与他们同代的父母不甚尊敬,而且年纪相近,家庭管理方面易起争执)。最后是应当确保儿童身体的成长符合立法者的意愿。只要采取一项措施,大致能够实现以上各项目标。一般来说,男人到70岁,女人到50岁,就不能再生殖,因此,宜乎据此订出适婚年龄。早婚生子是不利于下一代的——动物凡是未成熟即交配,下一代多有缺陷,体型变小且以雌性居多。人类自不能例外,凡是有早婚习俗的城邦,居民都比较弱小——这就是明证。未成年妇女分娩比较困难,而且多死于难产。有人说,特罗埃岑人求得的神谕所指并非田地收成一事①,它的含义是早婚造成许多妇女死亡。此外,妇女稍长才嫁人,有助于保持贞节,因为少女时期有过性经验的人行为似较放荡。男人如果在精子未长成前即开始性生活(精子也有固定的成长期,届满后或停止或趋缓)②,会妨碍身体的正常发育。所以,妇女的适婚年龄应为18岁左右,男人则为37岁左右,于是男女各从血气旺盛之年开始,其后生殖能力逐渐下降,最后双方生育年龄同时结束。此外,如果依照合理期望,婚后不久便生孩子,当孩子进入盛壮之年,能够继承父业时,父亲也接近70岁的垂暮之年了。

讨论过结婚的适当年龄问题,应考虑宜乎在哪个季节结婚的问题。如今大多数人都选择冬天共结连理,这个做法挺不错。快

---

① 该神谕为"莫耕休闲地"。
② 亚氏生父为马其顿王御医,据说他也曾习医术,这应是当时的流行见解。

要成家的男女应当自己学习医师和自然学家教导的生理知识：医师能够说明[1335b]什么时候生理状态最相宜，而自然学家能够说出什么风向最有利（他们认为北风比南风较有利于生殖）。

父母应有什么样的体格对子嗣最有益？这个问题留待讨论儿童的教育时再深入探讨，目前先做一般性的评论。运动员的体格既不适宜于一般公民的日常生活，亦不会提高一般健康或者增加生殖。孱弱不能干重活的体格同样不适宜。最好是介乎两者之间：体格能干粗活，但活儿不剧烈，也不像运动员只侧重一种活动，而是应当具备自由人一切活动所需的体力和体能。无论男女都宜乎具备这样的条件。

妇女在妊娠期间应当保养身体，四肢多活动，摄取营养丰富的食物。立法者只要规定有身孕的妇女每天须到专司育儿的女神坛庙膜拜，就能让她们养成经常步行的习惯。但是头脑不同于身体，孕妇不宜操心劳神，因为胎儿在妊娠期间，就像植物在土壤中，显然需要从女体吸取养分。

究竟新生婴儿应予一概哺养，还是可以抛弃？应当立法禁止哺养畸形或残疾婴儿[1]。有些地方的习俗不容许因出生婴儿过多而弃婴，在这种情况下，可规定每对夫妇生育子女的数目。如果任何家庭不理会限额，让妻子怀孕，必须在胚胎尚无生命或感觉之前进行堕胎。堕胎是否合法，视乎胚胎是否已有生命和感觉而定。

前文已确定男女结合应该从什么年纪开始，让我们也确定一下，作为对城邦的贡献，公民适宜生育的时间应该多久。年纪太大所生的子女，同年纪太轻所生的子女一样，身心往往有缺陷——老年人所生的子女特别孱弱。因此，生育时间应以智能发展到顶点

---

[1] 希腊各地有弃婴习俗。弃婴通常置于山谷任其死亡。弃婴中多女婴或残疾婴儿。

为基准①。有些诗人把人生历程每七年作为一个阶段,按照他们的观点,大多数人智能发展到50岁为止,所以再过四五年就应停止生育。过了这个年纪,男女交欢只是养生之道或其他类似原因。

关于男女通奸,一般来说,只要其中一方是有妇之夫或有夫之妇,都是可耻的行为。如果有人在 1336a 将为人父期间被发现通奸,就应按情节轻重,处以剥夺特权的惩罚。

第17章

婴孩诞生后,养育方式对体能成长甚有影响。从其他动物和一些有意使下一代体格强壮、勇猛善斗的民族的习惯可以看出,乳类尤其适宜幼体的发育。而且,愈少给他们喝酒愈好,因为酒会引起疾病。此外,儿童宜乎尽量多做肢体运动(有些城邦为防儿童柔软的四肢歪曲变形,迄今仍用一些器械使他们的身子保持挺直)。应该让儿童从襁褓时期就适应寒冷的天气,这不但大大有益健康,而且增加能耐,日后能适应军事训练。所以,许多非希腊民族有把新生儿投入冷冻溪水的习俗;其他一些民族则把婴孩裹在单薄的襁褓内,例如凯尔特人。显然最好是从诞生后就开始习惯于各种需要适应的条件,但适应过程以循序渐进为宜。儿童天生的体温能够御寒,易于适应寒冷天气,从而养成耐寒的体质。在婴孩时期,宜乎采用上述或类似的养育方式。

第二阶段是从婴孩期结束至五岁止,在这段期间,为避免发育受妨碍,上课或耗损体力的活动皆不宜;但应当活络四肢,强壮筋骨,而游戏和一些其他活动对此都有帮助。不过,游戏不应过于劳累或散漫或者养成不良习性。政府官员(一般称为"儿童监护")必

---

① 亚氏所指的是丈夫的智能。

须确定给这个年龄的孩童讲什么样的故事,等等。这一切都是为他们日后的生活做准备,所以大多数游戏应当模仿他们成年后将认真从事的职业。《法律篇》①中的立法者禁止儿童放声大哭,但是,他们的观点是不对的。就儿童来说,啼哭是一种肺部运动,有助于身体发育,就像屏息运力可以增加力道一样,力竭声嘶的哭叫会使孩童更加壮健。

儿童监护必须留意儿童的日常生活方式,尤其确保他们尽量少同奴隶混在一起。儿童在这个阶段^{1336b}一直至七岁止,养育必然在家中——由于年纪尚幼,终日所闻所见,不免学到一些不良习性。因此,立法者的首要职责应当是杜绝城邦内一切污言秽语(因为动辄出秽言者,其秽行亦不远),尤其应该防止年轻人耳濡目染,口出猥亵言语。凡是自由人不顾禁令言行秽猥者,应按情节轻重予以惩处。对仍未有资格在公共食堂卧席进食的年轻人处以羞辱惩罚和体罚。对年纪较大者课以通常不施加于自由人的羞辱惩罚,这是因为其言行实与奴隶无异。

污言秽语既须禁止,有伤风化的图画或表演自属禁止之列。因此,政府有责任对春宫画和雕像加以取缔。但是,在某些神庙,法律特许节庆可涉淫猥,同时又准许成年男子以个人代表全家(妻儿缺席)祀神者,则不在此限。惟立法者应对观听俚歌②或喜剧的年龄加以限制,即必须达到有资格喝烈酒及在公共食堂卧席进食的年龄,因为到了这个年龄,业已受到充分的教育,不会蒙受不良影响了。

这个问题上文只是顺便一提,以后③还要做详尽的讨论。首先确定应否对年轻人加以管制,如要管制,应如何实施禁令。悲剧演

---

① 柏拉图著,第七卷792a。
② 在酒神(狄欧尼修)节,有些俚歌内容淫猥,并且有人举着性图腾游行。
③ 本书以后章节对这些问题并无讨论。

员德奥尔罗曾说他从来不让其他演员——无论是多么蹩脚的演员——先于他登台,因为观众会迷上最初听到的歌声。他的话不无道理,与人和物接触,我们总会偏爱最初所接触的。所以,少时应当与下流事物隔离,特别是引人堕落或起歹念的事物。等到五岁,可观察日后需要学习的事项①,一直到七岁为止。嗣后的教育应当分两期:从七岁至青春期开始为第一期,从青春期起至二十一岁为第二期。有些诗人把人生历程每七年划为一个阶段,大体上这是对的。但我们应依循自然[1337a]本身的分野。教育之目的,就像一般技艺,不外乎是补自然之不足。所以,首先必须探究应否订立儿童教育条例,其次要探究培育儿童应当属于国家事务还是私人事务(后者是目前许多城邦所推行的),最后要探究儿童教育条例的性质和内容。

---

① 如竞技、音乐等。

第八卷

第1章

毫无疑问,教育儿童是立法者的首要职责,因为忽视教育对政体是不利的。城邦公民所受的教育应同其政体相适应①——各个不同政体的公民有各自的特质,当初之所以建立某种政体乃是某种特质使然,而该政体得以维持也是全靠这种特质,例如,公民的平民品质能使平民政体系于不坠,以寡头政治为尚的品质使寡头政体得以存续。公民的品质愈高,所建立的政体也就愈优良。

所有一切能力和技术的运用都需要预先训练并习惯,德性的实践显然也需要有这方面的条件。城邦整体有共同目的,所以,全体公民显然应当受相同的教育。教育应当置于国家监管之下,不应当属于私人事务(目前每个公民负责其孩童的教育,自行决定施教的学科及内容)。以公共利益为目的之训练,应当是一致性的。此外,不应当认为公民只属于他自己,而是应当认为全体公民属于国家。每一个人都是城邦的一部分,对每一部分的照顾与对全体的照顾是分不开的。以此而论,斯巴达人确实值得表扬——他们竭尽所能照顾儿童,建立了儿童公共教育制度。

---

① 亚氏所说的政体包括政制和生活方式等。

第2章

　　显而易见，城邦应当订立教育条例，并且推行公共教育制度。接下来需要探究公共教育的性质以及教育方式。对于这些问题目前众说纷纭，莫衷一是。为达致德性应学习的是什么？为实现最优良生活又应学习些什么？对此大家并无共识。教育应当偏重智慧抑或品德？这一点迄今仍争论不休。现今的教育也令人感到迷惑——大家弄不清楚学习的目标，到底是实际生活中有用的事物，还是德性，抑或更高级的知识（这三种观点分别有法官表示赞同）1337b？除此以外，大家对道德教育也有意见分歧。尊尚道德的人对德性的认识本来就不完全相同，自然而然对道德教育的内容有不同的见解。

　　儿童确实需要学会各项必要的有用的事物，但却无需学会每一项有用的事物。职业分两类，一类适合于自由人，另一类与自由人格格不入。所以，给儿童灌输知识，不宜把所有有用的事物悉数传授，以致他们染上工匠的习性。凡使自由人的躯体或灵魂或者精神不适宜于德性的运用和实践的职业、技术和学识都属于工匠性质①。所以，我们把一切有损体能的技艺以及取酬的行业概称为工匠类，因为它们使人营役于卑贱的工作，精神无暇做高尚追求。有些知识确实值得自由人追求，但不能超过某个限度——过分专注、力求深入反而会对身心造成类似的损害。行为或学习之目的为何至关重要，如果纯粹是为自己或朋友或者为获致德性，无悖于自由人的追求；如果是因别人缘故不得不为，相同的行为被视为卑

---

① 希腊工匠几乎都是奴隶、佣工或外邦人。"工匠"作形容词，含鄙俗之意。希腊人认为工匠营营役役，缺少智慧，无高尚追求，皆鄙俗之人，所操之业为贱业，有碍身心的发展。

贱或奴性。目前一般采用的学科，如前文①所述，可以从学习的两种不同角度来理解。

第3章

教育通常分四大科目，即读、写、体育和音乐，有时候还包括绘画。大家都认为读写和绘画在实际生活中有各种各样的用处，体育锻炼则能培养勇毅。至于音乐，也许有人会有疑问。如今大多数人研习音乐完全是出于兴趣，但是音乐最初被列为教育科目，是因为我们所常常提到的，依自然本性，我们不但意欲好好地工作，而且想善用闲暇。我于此再次强调②，善用闲暇是一切生活的根本。如果说工作和闲暇都是需要的，那么闲暇比工作更值得企求，工作以闲暇为目的。因此，我们必须探究闲暇时应当进行哪些活动。显然不应该是嬉戏，如果是嬉戏，嬉戏就成为我们生活的目的。然而，这是不可能的事。倒是在工作时需要嬉戏活动（工作会引起疲劳和紧张，工作辛勤者需要休息，而嬉戏就是一种休息方式）。因此，我们应当有嬉戏，不过时间要恰当，而且目的是心身的康复。嬉戏使人的灵魂松懈^{1338a}，这种轻舒愉悦的感觉让人得到休息。闲暇却包括了内在愉悦、快乐和幸福，且只有有闲暇的人才有这些感觉，忙碌的人是感受不到的。人之所以忙碌是为了他所未实现的目的，但幸福已是目的，所有人都认为与幸福相随的是快乐而非痛苦。不过，对于快乐的性质，各人的认知不尽相同——认知因各人的品格和习性而异。对于善德之人来说，最大的快乐就是最高尚的事物所引起的快乐。

---

① 指本章第1段，两种不同角度系指为掌握有用事物而学习或为促进德性而学习。

② 第7卷第14至15章对此曾有论述。

显然，单单是为了善用闲暇从事文化活动，就必须研习某些学科，这些学科以本身为目的，有些对工作有用的知识虽属必要，但本身并非目的，而是手段。因此，先辈将音乐作为学习科目不是因为音乐是生活所必需（音乐绝非必要），也不是因为音乐有用（既不像读写一般实用——可用以赚钱、家务管理、学习知识、公民活动等等，亦不像绘画的知识一样有助于评断熟练工人的手制品），更不是因为音乐能像体育锻炼一样有益（可增进健康和勇毅）。于是我们只能说音乐是闲暇时的消遣活动，实际上当初音乐被列作学科，显然是为了这个原因——音乐被视为自由人在闲暇时的消遣方式之一。荷马有诗言：

  当邀孤客赴华筵。

他接着提到其他一些人：

  邀来吟游娱宾客①。

在别的一些地方，奥德修斯说高尚的消遣莫过于聚首一堂：

  列坐绮筵，

  共听清吟②。

因此，孩童应该接受的教育有一种显然并非基于实用价值或者必要性，而是性质高尚并且适合自由人。至于这种教育包含一个还是几个科目，内容为何以及如何学习等，容后讨论③。目前可以认为我们的观点在教育传统中已得到证实（前人所制定的学科提供了佐证——音乐就是最清楚不过的例子）。除此以外，孩童显然也应该接受有用事物方面的教育，这不仅因为有实用价值（例如读写），而且也因为可以引导他们研习许多其他学科。同样地，他们应该学绘画（倒不是为了在私人交易中不致出差错，或者避免在

---

① 见荷马著《奥德赛》，xvii, 385。"吟游"指吟游诗人当歌者。
② 见前引书，ix, 7。
③ 本书以后各节对这些问题并无讨论。

买卖器物时[1338b]上当受骗），从中领略到形体之美。若是事事讲求实用，这同品格高尚的自由人是完全不相宜的。

就儿童教育来说，习惯训练显然先于理性训练，身体训练又先于思维训练，所以，应当把儿童交给体育教师和竞技教练管教——体育教师纠正他们的肢体习惯，竞技教练传授各种身体动作。

第4章

环顾当今被视为最注重培育年轻人的城邦，有些城邦力使他们养成运动员的习惯，可惜其结果多是身体受伤，发育受妨碍。斯巴达人虽然没有犯这种错误，但他们施加严格训练，相信这样最能使年轻人勇毅，结果性情变得残暴。我们屡次指出[①]，训练年轻人不能单单是（或者主要是）以培养勇毅为目的。就算斯巴达人的目的是对的，他们也没有达成目的。无论是动物界，还是野蛮民族，据我们观察，勇敢的往往不是最凶猛的，而是带有如狮子般比较和顺的脾性[②]。世上有许多野蛮民族大肆杀戮甚至啖食人肉，例如，黑海沿岸的亚该亚部落和亨尼沃契部落。一些居住在内陆的民族一样凶残，甚或过之，他们大胆地掳掠夺劫，却非真正勇敢。此外，据我们所知，往昔唯独斯巴达人勤于演练且纪律严明，所以比所有其他民族强大，但如今不论战争还是体育竞技都败北。斯巴达当年称雄的原因不在于他们用这样的方式训练年轻人，只是因为他们对年轻人施加训练，而其敌人却没有。由此可知，最起作用的是荣耀，而非动物脾性凶猛——面对考验荣耀的危难，只有勇毅之人才不畏缩，狼或其他野兽绝无此可能。可是，若让孩童接受严格的体能训练，但忽略必要的教育，实际上使他们成为"工匠"，因为他

---

① 见第二卷第9章以及第七卷第14至15章。
② 希腊人认为狮子只在饥饿时才凶暴，饱食后颇为和顺。

们仅能为治术的一种机能服务①;而且我们曾论证,即使在这方面,他们也逊于受过周全训练的人。我们不根据斯巴达昔日的成就,而是以其今日的地位做评价。斯巴达式训练目前遇到对手,而早先无人与之竞争。

如今大家普遍认识到体育训练的重要性,以及如何进行体育训练。儿童未发育以前,宜做简单体操,不严格规定饮食,不过度运动,以免妨碍身体生长。奥林匹克竞赛获胜者的例子说明了早年训练过多的恶果:^{1339a}获胜的少年长大成人后仍能获胜者不出二三人,这是因为早岁的训练和剧烈的运动对体质造成伤害。一旦进入发育期,应当进行其他学习三年,继后可做剧烈运动和严格规定饮食。此外,心身不宜同时操劳,因为两种不同的活动会产生相反的效果。肢体工作会妨碍头脑的发育,而劳心也有碍身体的生长。

第5章

前文②曾提出关于音乐的一些问题,现在可承前者加以探讨,作为讨论音乐课题的引言。音乐有哪些效果?为何修习音乐?这些问题委实不易作答。音乐的作用是否纯然娱乐和放松,就像睡眠和酣饮?后两者本身并无任何重大意义,但令人愉悦,同时消除疲劳,抚平情绪,如欧里庇德斯所说的"解忧释怀"。由于这个缘故,音乐有时候与睡眠和酣饮并为一类,有时还加上舞蹈,三者等量齐观。抑或音乐的作用在于陶冶性情?就像体育练就某类体魄,音乐使人习惯于以正确的方式获致愉悦,甚或音乐的作用在于

---

① 指作战。
② 见第八卷第3章。

闲暇消遣①和增进智慧（这是第三个可能的答案）。

显而易见，儿童教育不应以娱乐为目的，因为学习是需要下苦功的。此外，要求儿童和少年有闲暇消遣的文化活动也是不合适的，因为他们仍处于不完全状态，不可能达致终极目的②。也许有人主张孩童现在修习音乐是为了日后长大可资娱乐。果真如此，年轻人何必自己修习音乐，为什么不仿效波斯王或米地亚王，以聆听别人演唱和弹奏乐器的方式享受音乐并受到教育？艺人以此为业，浸淫多时，演艺自然高于勉强能弹奏演唱的初学者。倘使年轻人非学音乐不可，按照同一逻辑，他们也非学烹饪不可——这不是很荒谬吗？

即使说音乐能陶冶性情，有人会反诘：为什么接受音乐的教化非自己修习音乐不可？光听别人弹唱不也能够^{1339b}学会以正确方式鉴赏和享受音乐吗？斯巴达人自己不习音乐，但他们自称能够鉴赏曲调，辨别雅俗。再者，如果说音乐使人感到心情舒畅，在闲暇可作消遣③，以前述观点来看，为什么需要其本人学会演唱弹奏，欣赏别人表演音乐不也一样吗？在这里宜乎回忆我们对众神的看法：宙斯自己不弹也不唱，在诗人之中静听。实际上我们称职业演奏者为乐工——自由人只有在喝醉或逗笑时才弹唱，平时不屑为之。不过，这些问题可留待以后再探讨④。

首先我们必须研究一下教育应否包括音乐以及音乐所起的作用是前述三种作用（娱乐、教化、消遣）中的哪一种？把音乐的作用归入这三类是合理的——显然音乐在这三方面都发挥一些作用。娱乐是为了松弛，松弛必然是愉悦的，因为松弛是消除辛劳工作后

---

① 闲暇消遣包括正式的交谈、音乐、戏剧等文化活动。
② "不完全状态"指未成年，"终极目的"指闲暇。
③ 见第217脚注③。
④ 见第八卷第6章。

身心疲乏的良方。至于消遣，大家公认它不但愉悦，而且高尚，而幸福就是来自高尚和愉悦。大家也一致同意音乐无论是弹奏乐器还是歌者演唱，都能令人感到十分愉悦，如诗人缪塞奥所说：

令人欢悦，莫如歌咏。

由于音乐具有使人欢愉的效果，在社交活动和闲暇消遣时，安排演唱弹奏是颇有道理的，由此可以得出结论：应教习年轻人音律。无邪的欢悦不仅与终极目的[①]相宜，而且也适合于憩息。然而，能享受终极目的之果实者寥寥无几，倒是可以经常憩息，享受一下娱乐（不为其他目的，只为憩息的愉悦）。因此，宜乎不时让年轻人稍作憩息，享受音乐的欢愉。

有时候人们把娱乐当作目的，这是因为目的也是令人愉悦的（却是某种特殊的愉悦），人们在寻求愉悦时，不觉察此愉悦非彼愉悦（原因是愉悦一般与终极目的确有相似之处）。对目的之企求，并非为将来的事物，而只是为目的本身。前述的愉悦也并非为将来而是为过去，就是说为消除过去辛劳造成的疲乏。也许可以假定，这正是人们从寻常的愉悦中企求幸福的原因。

音乐不仅给人带来愉悦，看来还有用处，就是使人轻松自在。但我们必须探究一下，除了愉悦和松弛以外，音乐是否具备更高尚的性质？除了我们大家感受到和一起分享的一般愉悦以外（由于音乐给人带来的欢愉是自然的，所以不分年龄和性情，都能感受到），音乐能否对性情和灵魂产生影响？如果我们说得出由于聆听音乐，性情出现某种变化，答案就十分清楚了。音乐使性情变化的例证不在少数，奥林帕斯的歌曲就是一个明显的例子，因为他的歌曲无疑唤起了我们的热忱，而热忱就是灵魂的性情感受波动。此外，当人们听到以音乐形式表现的各种感情时，立刻会受到感

1340a

---

① 指幸福。

染,不论所奏出的是什么样的韵律和曲调。

音乐可以使人欢愉,而德性在于以正确方式享受人生之乐以及对善恶表现爱憎,那么,显然没有比学习并培养出正确判断和喜爱高尚品性行为更重要的了。有些音乐节奏和旋律十分酷似愤怒(或和顺)的真正性质,有些酷似勇毅和自制,有些酷似所有这些情操的反面。实际上,各种其他品性皆有与其真正性质十分酷似的节奏和旋律。我们在听到这些音乐时,灵魂的确有所感应——人们的亲身经验即能印证这一点,如果每次见到或听到酷似真实的东西会感到痛苦(或快乐),对真实的东西的感觉大抵与此相似(例如,如果有人喜欢观看某物的雕像——纯粹是基于该物的形状——他察看该物的原型会生出欢喜)。其他感觉例如触觉和味觉,其对象确实与性情毫不相似。视觉对象也许与性情有点相似,例如某些形状,但相似程度有限,而且不是人人都能觉察出来的。此外,作为视觉对象的形状和颜色仅显示出性情,而非临摹性情,而且在刻画身体受到情绪的影响时才显示性情①。视觉对象与品德并非毫无关联,因此不宜让年轻人观看鲍桑的作品,而应该让他们多观赏波吕葛诺托或其他善于表达道德情操的画家和雕塑家的作品。

音乐与此截然不同,乐章实际上是性情的临摹,这一点十分明显。首先旋律的性质各异,聆听不同的旋律会有不同的感受。有些旋律使人悲哀忧伤[1340b],例如吕地亚混合调;有些旋律(比较柔和的曲调)则有抒情作用;还有一些旋律尤其令人神凝气和,这就是多利亚调的特殊效果;而弗利吉亚调则使人精神振奋,心情激动。一些研究音乐教育的人在这方面提出杰出的见解,他们的理论建立在实际经验之上。韵律节奏亦是如此:有些韵律令人平静,有些

---

① 例如刻画身体遇危险时的反应动作可显示其人的勇敢性格,但却不是勇敢品性的临摹。

韵律使人活跃,而后者又分适合俚俗举止的节奏与适合自由人举止的节奏。

由是观之,音乐确实能够陶冶性情,因而应当列入教育科目,教年轻人修习。此外,音乐教育对年轻人脾性十分相宜,因为孩童在这种年纪都不肯忍受没有乐趣的事儿,而音乐本身就令人愉悦。除此以外,曲调和韵律对人似乎有一种亲和力,因此,有些哲学家说灵魂来身就是一支乐调,有些哲人说灵魂内含旋律。

第 6 章

现在必须回答先前①提出的问题:在教孩童音乐时应否要求他们演唱和弹奏乐器? 显而易见,躬身习艺与否对该项技艺的掌握大不相同,从未参加演出的人难以(或几乎不可能)对别人的演出有充分的鉴赏能力。此外,总不能让儿童终日闲着。阿奇太响盒玩具既可逗儿童开心,又能防止他们敲破家里的器皿,的确是一项了不起的发明。如果说响盒是婴孩的适当玩具,那么,教育则是他们年纪稍大后的响盒。由此看来,孩童修习音乐必须包括表演项目。

对于不同年龄的人,哪些音乐合适? 哪些音乐不合适? 这个问题其实不难回答。有人说修习音乐如包括表演即如乐工般低俗,这个观点也不难反驳。首先,孩童之所以参加弹唱表演是为了能鉴赏别人的演出,所以宜于年幼开始。等到长大后就可以不必躬身演奏,但少年时的修习已培养起鉴赏力,懂得如何欣赏音乐了。至于学习音乐演奏使人流于低俗的疑惑倒容易释除。我们只需考虑以下几点:(1)接受培育以期日后成为良好公民者,参加音

---

① 见第八卷第 5 章。

乐演奏到何时应适可而止？（2）[1341a]他们应当修习哪些曲调和旋律？（3）教他们演奏应该使用哪种乐器（因为选用的乐器可能造成差别）？要是能解答这些问题，就能驳倒勿学演奏的观点，哪怕某些乐艺也许会使人变得鄙俗。不过，音乐的修习显然无碍于日后活动，或使身体养成工匠般的习惯，不能适应军事训练和公民培育（无论是当前的学习还是日后的应用）。如果学生不竭力修习职业性竞赛所要求的高难度乐艺，或者演奏这类竞赛当前流行的音乐特技——这类奇特表演已被纳入音乐教育——音乐修习妨碍心身健康的情形是不会出现的。他们可以演奏其他音乐，一直到能够欣赏优美的曲调和旋律为止，而不仅仅学会欣赏所有音乐的共同性质就感到满足，因为所有奴隶或孩童，甚至有些动物听到音乐都会感觉到后者①。

综上所述，我们当知使用哪些乐器来教授音乐。笛管或任何需要高度技巧的乐器，例如竖琴之类，都不宜采用，只宜选用能培养莘莘学子在音乐和其他学科聚精会神的乐器。再者，笛管不能表现出道德情操，它过于激越，不适合修习的场合，宜在宣泄情绪的场合使用。除此以外，在音乐教育中不宜选用笛管是因为使用它时就不能言语，因而教育价值有限。所以，先辈早期虽然容许使用笛管，后终禁止年轻人和自由人吹笛，这个做法是对的。在古代，发家致富使人有更多的闲暇，对德性益加向往——波斯战争前后的辉煌成就使他们满怀信心，囫囵吞枣地学习各种知识，于是便把笛管列入教育科目。结果在斯巴达，某位乐队领队②亲自吹笛管指挥乐队；在雅典，吹笛蔚然成风，自由人几乎无人不晓。从塞拉斯波在给埃克凡底德训练乐队后所立的碑志可看出当时吹笛的风尚。不过在其后，通过实际的经验，人们能够明辨哪些音乐使人向

---

① 指使听者感到愉悦的共同性质。
② 富有公民，给宗教祭祀的乐队提供训练和设备为其义务。

上，哪些是靡靡之音，终于排斥笛管以及几种传统乐器，例如四角八弦琴、多弦琴等旨在取悦听众的乐器，七角琴、三角琴、三角四弦琴和其他需要灵巧[1341b]指法拨弄的乐器。根据古代神话，雅典娜发明了笛管，随后把它扔掉，其中颇有深意。传说中这位女神嫌恶这种乐器，是因为她吹笛时脸庞变丑，这似乎言之成理。然而，雅典娜专司知识和技艺，她之所以掷笛，更有可能是因为吹笛增进不了智慧。

因此，我们摒弃了乐器和演艺的职业教育（所谓职业系指旨在预备学生参加竞赛的制度）。职业表演者参加演出不是为了加深造诣，而是为了取悦听众，而且是庸俗的愉悦。由于这个缘故，我们认为演艺流于低俗，对自由人不相宜，仅适合于取酬的表演者。实际上，表演者的目标低下，难免庸俗。观众粗俗往往使音乐降格；表演者着眼于观众，因而受观众的影响——不但性情受影响，连身体也受影响，因为表演者的举动姿态，全是为投观众之所好。

第7章

我们还需要探讨一下曲调和节奏问题。在音乐教育中，是否各种所有曲调和节奏都可以采用，抑或应分良莠，有所取舍？所谓良莠之分是否属于一般性质①，还是在修习音乐时另有一套标准？显而易见，音乐是曲调和节奏的合成，因此必须弄清楚曲调和节奏对教育的各自影响，到底应当选用曲调好的音乐抑或节奏好的音乐？当今一些音乐家以及谙熟音乐教育的哲学家对这些问题已有精湛的论述，好学之士大可向他们请益。我们在这里只提纲要，订出一般性原则。

---

① 如果属于一般性质，在修习音乐时不应选用的曲调和节奏也就是自由人一般应予摒弃的。

一些哲学家将旋律归类为陶冶情操、鼓舞行动和激发情感这三类(他们认为曲调的性质也是这三类,每一类有与之相对应的旋律)。我们同意这样分类,不过,如前所述①,我们还主张修习音乐不单单是为了一种好处,而是为了多种好处。音乐的作用一是教育,二是净化情感("净化"一词于此处暂不阐明,留待《诗学》中再详加解释),三是松弛和憩息。因此,三类曲调^{1342a}显然都可以采用,但是使用方式不尽相同。如果着眼于教育,宜使用最能表现道德情操的曲调,但在聆听别人演奏时,鼓舞行动和激发情感的曲调也相宜。怜悯、恐惧等情感,还有激奋,深深触动一些人的心灵,对于一般人也必有触动,只是程度深浅不等而已。有些人易因激奋而狂乱,我们可以看到他们聆听激荡心灵的祭颂旋律反而会逐渐安静下来,俨如经受治疗和净化。易生怜悯、恐惧或其他任何情绪的人,必定经历了同样的经验,其他有不同程度的各种情绪感受的人亦然。所有人都经历了净化过程,情绪的宣泄使人感到舒畅无比。同样的,净化情感的旋律给人带来无邪的快乐。

所以,参加戏剧音乐比赛者应该准许采用这些旋律和节奏。不过,剧院有两类听众:一类是受过教育的自由人,一类是普通百姓,包括工匠、雇工之类。也应当安排音乐比赛和节目让后一类人松弛一下,这类人的灵魂已失去自然本性,变得扭曲,所以一些旋律怪异乖张,音节短促。各类人每当接触到同其本性相近的事物倍感愉快,所以,在这类听众面前,竞赛者应当准予采用某种令其喜悦的音乐。

我们说过,为了教育的目的,必须采用表现道德情操的旋律和乐调,如前文提到②的多利亚调,除此之外,也应当包括哲学和音乐

---

① 见第八卷第5章。
② 见第八卷第5章。

教育学者专家所认可的其他任何乐调。在《理想国》中①，柏拉图除多利亚调以外，只保留了弗利吉利调，令人感到遗憾，尤其是他先前已摒弃笛管的使用。实际上，^{1342b}乐调中弗利吉利调与乐器中的笛管有同样的功用：两者都激奋和煽情，诗歌便是明证，表达酒神的狂乱和所有类似的激情最宜以笛管奏乐，而且用弗利吉利调比其他任何乐调更淋漓尽致。举例来说，一般认为第茜朗布诗体②与弗利吉利调相配，音乐鉴赏家曾举出许多实例以证明第茜朗布诗体的特点。其中有一个掌故是菲洛克色诺曾以多利亚调谱写《缪苏人》（第茜朗布诗），无从入手，结果不得不依事物本性回到较为合适的弗利吉利调。大家公认多利亚调最庄重，最能表达勇毅的情操。再者，我们既同意应当避免极端，走中间路线，而多利亚调比起其他乐调更具这种特色。所以，在年轻人的音乐教育中，采用多利亚调的乐曲最为相宜。

我们必须经常考虑到何者为可能以及何者为适当。每个人都应当做出可能和适当之事，不过，这又与年龄分不开。年老气衰，难唱出高亢乐调，依自然本性，老年人应唱轻缓柔和的歌曲。柏拉图又认为轻柔乐调所起的作用有如喝酒（非指其令人醺醺然，而是指其不够雄壮——实际上醉酒令人酣热兴奋，四肢乏力应当是指酒醒之时），所以不宜用以施教音乐。曾经有些音乐家就此对柏拉图做出正确的批评。纵观人的一生，当年华老去，宜习轻柔的旋律和节奏。再者，如有乐调能够兼顾秩序和嬉戏，对孩童就最适当不过了。在所有乐调之中，具备这个条件的首推吕地亚调。综上所述，音乐教育必须符合三项标准：适中、可能和恰当。

（全书完）

---

① 柏拉图著，399a 起。
② 一种充满狂热的诗体，为酒神节狂欢而创作。

图书在版编目(CIP)数据

政治学/(古希腊)亚里士多德著;郭仲德译. —西安:西北大学出版社,2016.1

ISBN 978-7-5604-3741-5

I. ①政… II. ①亚… ②郭… III. ①政治学—古希腊 IV. ①D0 ②B502.233

中国版本图书馆 CIP 数据核字(2016)第 020122 号

政治学

[古希腊]亚里士多德 著
郭仲德 译

出版发行:西北大学出版社
地　　址:西安市太白北路 229 号
邮　　编:710069
电　　话:029 - 88302590
经　　销:全国新华书店
印　　装:陕西博文印务有限责任公司
开　　本:889 毫米×1194 毫米　1/32
印　　张:7.5
字　　数:180 千
版　　次:2016 年 1 月第 1 版　2016 年 1 月第 1 次印刷
书　　号:ISBN 978-7-5604-3741-5
定　　价:45.00 元